国家“双高计划”铁道机车专业群融合课程特色系列教材

列车构造认知与检查活页实训手册

高　伟　李长留　主　编
牛晨旭　李孝坤　副主编
张　远　　　　　主　审

中国铁道出版社有限公司

2021年·北　京

目　　录

课程名称	列车构造认知与检查	学习情境	机车走行部检查
班级		姓名	

学习情境一　机车走行部检查

【学习情境描述】

掌握机车走行部检查的技能是机车乘务员的工作岗位职责要求，在走车前和返段后要对机车进行全面检查，走行部检查是其中很重要的一个环节，也是乘务员必备的一项技能。

【学习目标】

1. 知识目标

(1)能说出电力机车走行部各部件的名称。

(2)知道电力机车走行部各部件的基本结构。

2. 能力目标

(1)能按照机车走行部检查方法和步骤全面检查机车，查找机车走行部常见故障。

(2)掌握机车故障假设符号的种类，能在规定时间内单独进行机车检查，并准确报出机车故障类型和处所。

3. 素质目标

(1)培养良好的合作意识、语言表达能力和与人沟通的能力。

(2)培养认真踏实、动手检查能力、形象思维能力。

(3)养成良好的安全与自我保护能力。

【任务书】

本项目任务是机车乘务员的工作岗位职责要求，在走车前和返段后要对机车进行全面检查，走行部检查是其中很重要的一个环节，也是乘务员必备的一项技能。

(1)掌握机车检查的基本知识。

(2)掌握机车走行部故障假设符号表示。

(3)对电力机车走行部进行检查，包括：构架、轮对、轴箱、悬挂装置、传动装置、牵引电机悬挂装置等，并在检查过程中发现故障。

【任务分组】

小组成员		任务分工
姓名	学号	

【引导问题】

1. 走行部检查是其中很重要的一个环节，也是乘务员必备的一项技能。如果你在检查中发现其中一个车轮上有很大的裂纹，可能影响到机车运行安全，你会怎么做？

2. 你知道机车走行部的故障假设是如何表示的吗？

3. 你知道机车检查的方法和检查的前后顺序吗？

4. 机车检查中发现故障后你能准确的写出故障的类型和处所吗？

【任务实施】

一、机车检查的基本知识

1. 机车检查的目的

机车运行中，由于种种原因，一些部件会出现磨耗、破损等现象，以致造成事故，直接影响机车的寿命和行车安全。因此，乘务员在出勤前、退勤后及运行途中要对机车进行检查，早期发现不良处所，及时加以整修，确保运输安全。

2. 机车检查的基本知识

机车乘务员应对机车构造、各部件名称及结构、部件安装位置及正常工作状态熟练掌握。

局部检查顺序原则上为先上后下，由里向外进行。以检查的某个部件为“点”，由左向右，再由右向左连成“线”。在检查机车时手、眼、身、步法运用自如，以正确的姿势，适当的方法，按规定的顺序、步骤进行，准确地判断分析故障原因和查找故障处所。

3. 机车检查方法

机车检查分为锤检法、手检法、目视检查法、测量法和测试法五种。

(1)锤检法

锤敲是靠检查锤敲击零部件时所发出的声响及手握锤柄的振动感觉来判断螺栓的紧固程度或部件是否发生断裂。

用锤尖或锤柄撬动零部件的间隙及横动量等。

(2)手检法

手动检查包括：晃、拍、握、拧。采用"晃动看安装，手拧试松动"的方法，判断各风、油管及接头是否有松缓、漏泄等现象，各种电器开关、风、油管路塞门位置是否在正常工作位等。

手检法还适用于检查有关部件的温度。

(3)目视检查法

在使用锤检和手检的同时也要进行目视，做到手、眼、锤合一，动作一致，并对各仪表的检验日期、指针位置及外观、弹簧垫片及平垫状态和油位的确认等进行目视检查。

(4)测量法

使用塞尺、直尺、卷尺及专用工具测量有关部件的间隙、距离、行程等各种限度。

(5)测试法

使用仪表、仪器测试电压、电流、电阻的数据及电路状态等。

二、机车走行部故障假设符号表示

对于无法在机车上真实出现的假设，在零部件表面画上某种记号，表示该零件有某种缺陷或故障。

(1)白色粉笔画的线条"—"，表示该零件上有裂纹或焊接处裂损。

(2)画在轮对踏面上的白色片状图形，表示动轮踏面擦伤，其图形面积表示擦伤面积。

(3)画在轮对踏面上的环形白色粉笔线一环套一环"◎"，表示轮对踏面剥离。

(4)部件表面涂以红色粉笔的片状，表示该部件烧损。

(5)螺栓松动以白色粉笔"×"表示。

(6)油、水、风管路的跑冒滴漏故障以白色粉笔"△"表示。

三、机车走行部检查作业程序

机车走行部检查顺序：以 SS4G 型电力机车为例，A 节车前端→A 节车车钩装置→A 节车第一转向架左侧各部→A 节车第二转向架左侧各部→中间连接处左侧→按顺序检查 B 节车。

机车走行部检查步骤如下(以 HXD3C 型电力机车为例)：

1. 机车后端部检查

(1)车钩检查： ①扳动钩提杆，检查车钩开闭。钩提杆支架安装牢固，钩提杆无变形、抗劲；车钩开闭灵活，锁闭可靠。 ②外观检查车钩、钩头。钩头、钩舌无裂纹，开口销完好，开度符合要求，销套无下窜；钩头不得上翘。发现异常时须提票测量调整车钩中心线距轨面高度 815～890 mm。	

③扳动车钩检查车钩摆动。均衡梁和磨耗板随车钩摆动灵活，有油润，调整垫片无窜出；吊杆完好，防脱钢丝绳卡子紧固。 ④外观检查防跳装置各部。各部配件齐全，防跳销座焊接牢固，防跳销及连接链牢固；车钩在闭锁位置时，应具有防跳作用。 ⑤钩舌销、钩提杆各销、钩托板及吊杆有油膜。	
(2)排障器检查： 外观检查排障器。安装牢固，无裂损、开焊、变形。	
(3)折角塞门、列车、总风、平均软管，防尘堵检查： ①外观检查折角塞门、各软管。折角塞门开关灵活，无卡滞、泄漏；软管无折损、老化、龟裂，各软管密封胶圈无变形、龟裂，软管试验日期不得超过3个月，接挂正常；列车管与机车中心线夹角为45°。 ②外观检查各软管挂板。挂板焊接牢固，无变形。	
(4)前照灯、辅照灯、标志灯、刮雨器及重联插座、列供插座、集控插座检查： ①外观检查前端各灯罩。无裂纹，密封严密，螺钉齐全、无松动。 ②外观检查刮雨器。安装牢固，刷片完整，刷架无变形。 ③外观检查列供插座。列供插座锁闭、密封严密，安装牢固，插孔无进水，无烧损。插接线牢固无松动。 ④外观检查集控插座。集控插座密封严密，安装牢固。插针无缺损，插接线牢固无松动。	

裁切线

⑤外观检查重联插座。重联插座锁闭、密封严密，安装牢固。插接线牢固无松动。 ⑥列供插座拉伸及关闭时导杆润滑，有油膜。	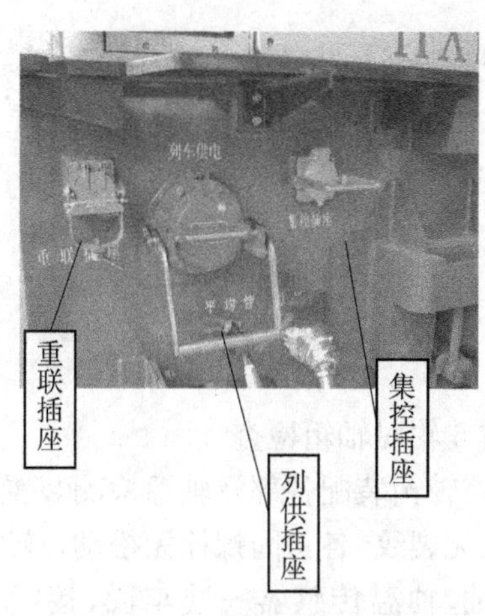
(5)调车脚踏板及作业护杆检查： ①外观检查调车脚踏板。无变形、破损，焊接牢固。 ②外观检查作业护杆。护杆无变形、开焊、裂纹。	
2. 机车右侧检查	
(1)右 6 轮对撒砂装置检查： ①外观检查砂箱各螺栓、砂箱盖、砂箱安装座。砂箱无破损、变形，各螺栓紧固牢固，安装座牢固、无裂纹，砂箱盖密封严密、无裂损；砂子无杂质，砂量为砂箱总容积的 1/2～2/3。 ②外观检查检查撒砂阀、砂管。撒砂阀完好，安装螺栓无松动，砂管无松动、裂损，砂管防风罩无破损，撒砂管支架无裂纹、变形；砂管距轨面高度为 30～55 mm。 ③外观检查撒砂阀风管及加热装置。砂阀风管无断损、泄漏，加热装置接线无松动、破损。 ④外观检查脚踏梯、扶手杆。脚踏梯安装牢固，无变形、裂纹；扶手杆无裂纹、变形、松动。	

(2)右 6 轮对轴箱检查：

①检查轴箱装配各部及轴温检测装置。部件齐全、无裂纹，各紧固螺栓无松动。轴承端盖无渗油，轴温传感器安装牢固，接线无松动(轴温贴片变色不超标)；接地线安装螺栓无松动，断股不超 10%；轴箱弹簧座无断裂、变形，橡胶减振垫无老化、龟裂。轴箱弹簧无裂纹、断簧、出槽现象；一系垂向减振器无漏油，上下支架无裂纹，支架安装牢固，减振器安装螺栓紧固，防缓线清晰无错位，菊花螺母开口销开度不小于 60°。

②外观检查轴箱拉杆。轴箱拉杆安装牢固，螺栓无断损、松动，锁紧螺母锁紧。橡胶关节无老化、贯通裂纹和挤出。

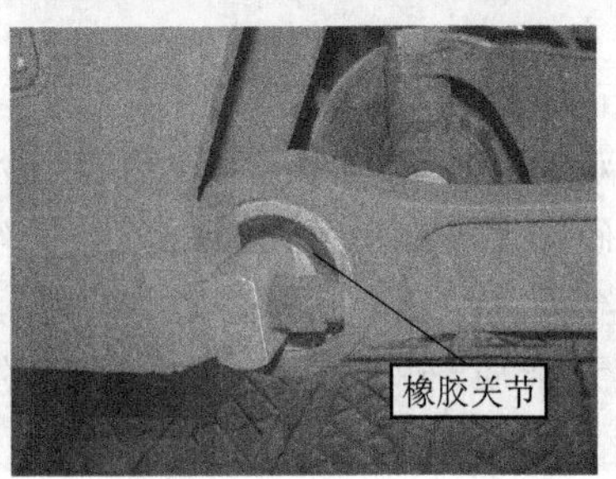

(3)右 6 轮对基础制动器及制动盘检查：

①外观检查制动盘(检查时严禁敲击制动盘)。制动盘热裂纹长度不超过 65 mm，摩擦面擦伤深度不超过 1 mm。连接螺栓无松动。

②检查闸片。安装牢固无裂纹，闸片卡簧正常，闸片厚度不小于 5 mm。

<table>
<tr><td>③检查单元制动缸及夹钳。螺栓、螺母及衬套等零件不得松动、缺损,各转动部分保养正常。
④检查基础制动装置单元制动缸及夹钳各转动部分、除塑料衬套外的销轴及衬套、滑动配合面有油膜。</td><td>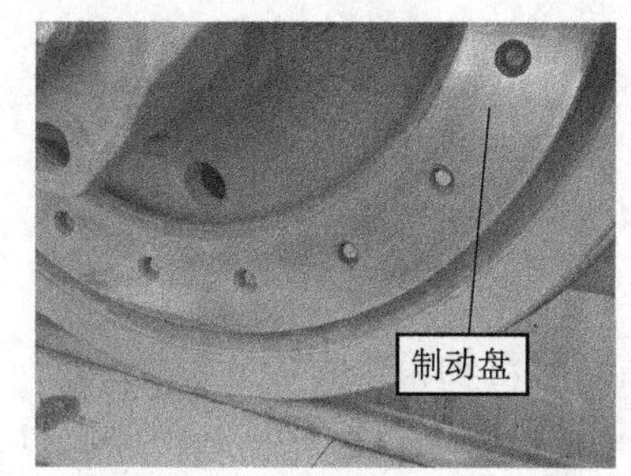</td></tr>
<tr><td>(4)右 6 轮对轮缘润滑器检查:
外观检查轮缘润滑装置。各部安装正确、牢固。喷头支架无接磨现象;轮缘润滑脂量应在储脂罐容量的 2/3～4/5;支架、喷嘴防脱钢丝绳捆扎牢固,螺母无松动。</td><td>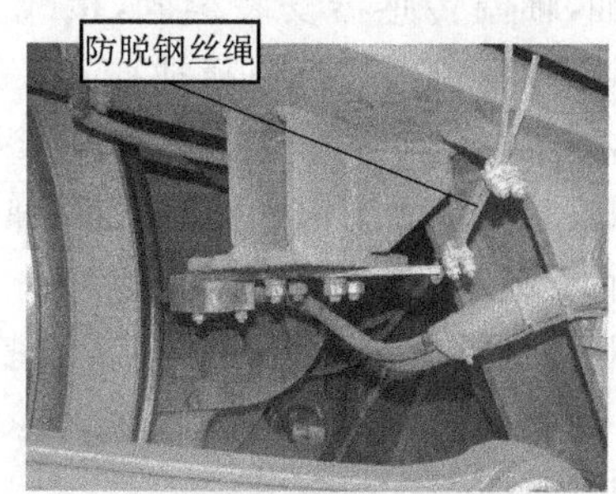</td></tr>
<tr><td>(5)二系垂向油压减振器检查:
外观检查二系垂向油压减振器无漏油,安装螺母牢固无松动,上座及托板无裂纹,支架安装牢固。</td><td></td></tr>
</table>

(6)右 5 轮对轴箱检查： ①检查轴箱装配各部及轴温检测装置。部件齐全、无裂纹，各紧固螺栓无松动。轴承端盖无渗油，轴温传感器安装牢固，接线无松动(轴温贴片变色不超标)；接地线安装螺栓无松动，断股不超 10%；轴箱弹簧座无断裂、变形，橡胶减振垫无老化、龟裂。轴箱弹簧无裂纹、断簧、出槽现象。 ②外观检查轴箱拉杆。轴箱拉杆安装牢固，螺栓无断损、松动，锁紧螺母锁紧。橡胶关节无老化、贯通裂纹和挤出。	  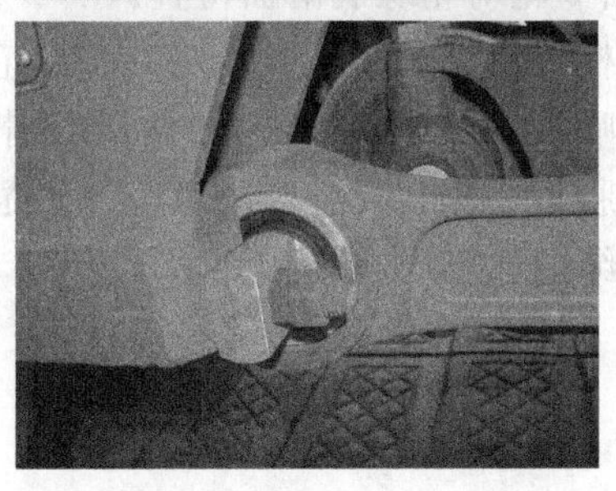
(7)右 5 轮对基础制动器及制动盘检查： ①外观检查制动盘(检查时严禁敲击制动盘)。制动盘热裂纹长度不超过 65 mm，摩擦面擦伤深度不超过 1 mm。连接螺栓无松动。 ②检查闸片。安装牢固无裂纹，闸片卡簧正常，闸片厚度不小于 5 mm。 ③检查单元制动缸及夹钳。螺栓、螺母及衬套等零件不得松动、缺损。	 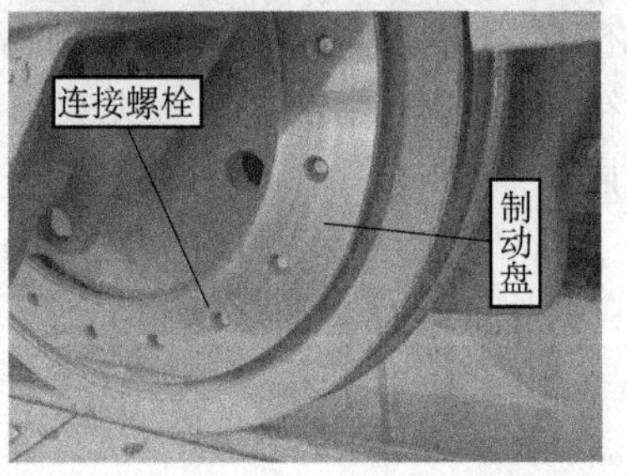

(8)二系高圆簧、车体侧挡、接地装置、传感器接线盒、厕所排污管、上水管检查： ①外观检查二系高圆簧。无裂纹、伤痕、断簧。 ②外观检查车体侧挡。安装螺栓无松动，间隙正常，有油润。 ③外观检查接地装置接线及传感器接线盒。螺栓无松动，接地线断股不超 10%；传感器接线盒安装牢固，接线绑扎紧固，插头无松动。 ④外观检查厕所排污管、阀门、上水管。安装牢固。阀门密封严密，无泄漏。	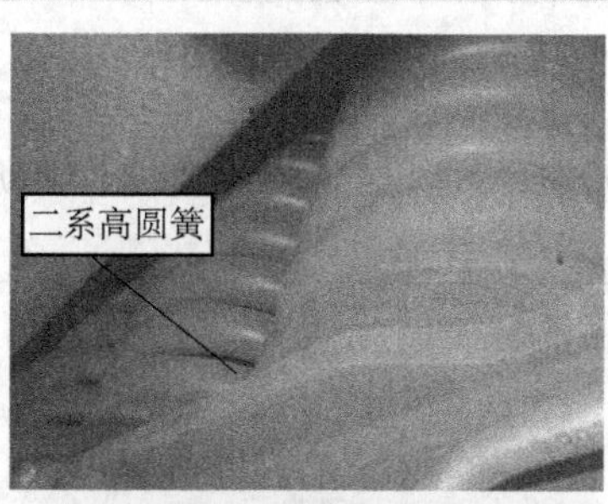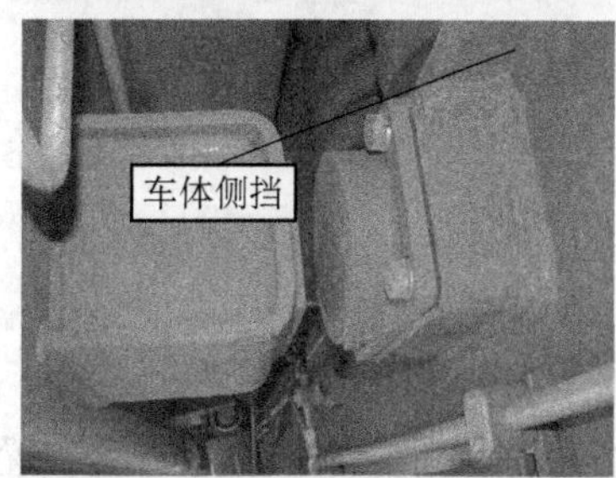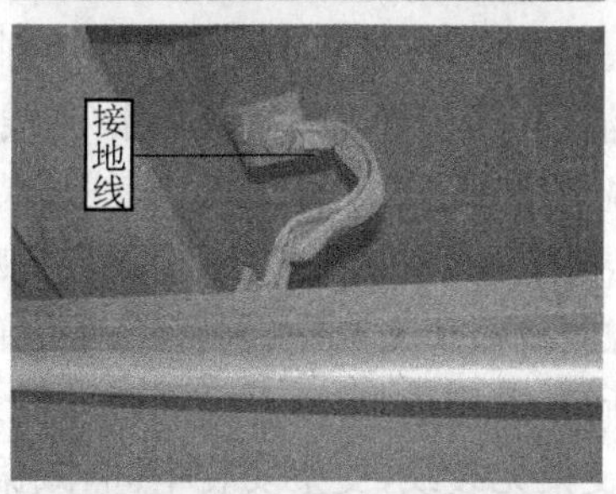
(9)右 4 轮对撒砂装置检查： ①外观检查砂箱各螺栓、砂箱盖、砂箱安装座。砂箱无破损、变形，各螺栓紧固，安装座牢固、无裂纹，砂箱盖密封严密、无裂损；砂子无杂质，砂量为砂箱总容积的 1/2～2/3。 ②外观检查检查撒砂阀、砂管。撒砂阀完好，安装螺栓无松动，砂管无松动、裂损，砂管防风罩无破损，撒砂管支架无裂纹、变形；砂管距轨面高度为 30～55 mm。	

<table>
<tr><td>③外观检查撒砂阀风管及加热装置。砂阀风管无断损、泄漏，加热装置接线无松动、破损。</td><td></td></tr>
<tr><td>(10)右 4 轮对轴箱检查：
①检查轴箱装配各部及轴温检测装置。部件齐全、无裂纹，各紧固螺栓无松动。轴承端盖无渗油，轴温传感器安装牢固，接线无松动(轴温贴片变色不超标)。接地线安装螺栓无松动，断股不超 10%；轴箱弹簧座无断裂、变形，橡胶减振垫无老化、龟裂。轴箱弹簧无裂纹、断簧、出槽现象；一系垂向减振器无漏油，上下支架无裂纹，支架安装牢固，减振器安装螺栓紧固，防缓线清晰无错位，螺母开口开度不小于 60°。
②外观检查轴箱拉杆。轴箱拉杆安装牢固，螺栓无断损、松动，锁紧螺母锁紧。橡胶关节无老化、贯通裂纹和挤出。</td><td>

</td></tr>
<tr><td>(11)右 4 轮对基础制动器及制动盘检查：同上第(3)项。</td><td></td></tr>
</table>

(12)主变压器、油泵、蝶阀、排油阀、管路及复合冷却器下通风网、入库插座检查： ①外观检查主变压器主体无异状、泄漏，螺栓紧固。 ②外观检查油泵、蝶阀、油流继电器、排油阀及油管路。各部件安装牢固、无漏油。油流继电器油流表玻璃表面清晰，指针指示在规定范围内，护盖及挂链齐全、牢固。 ③外观检查复合冷却器下通风网。通风网安装牢固，无破损、异物。 ④外观检查入库插座。安装牢固，防脱链无断损。	 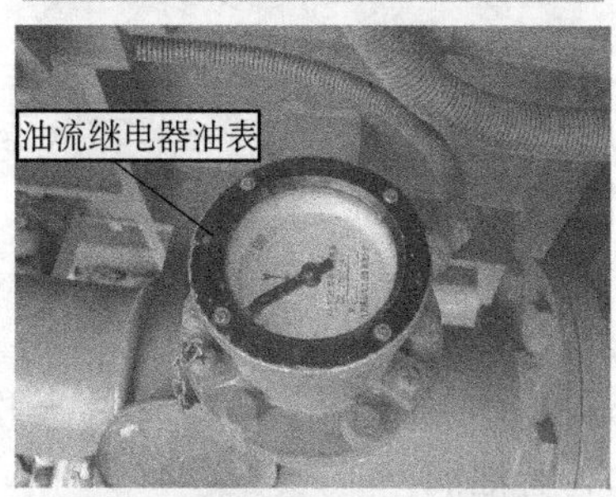 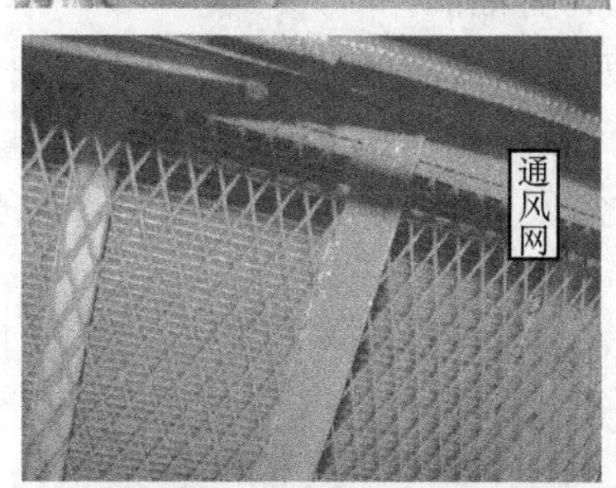 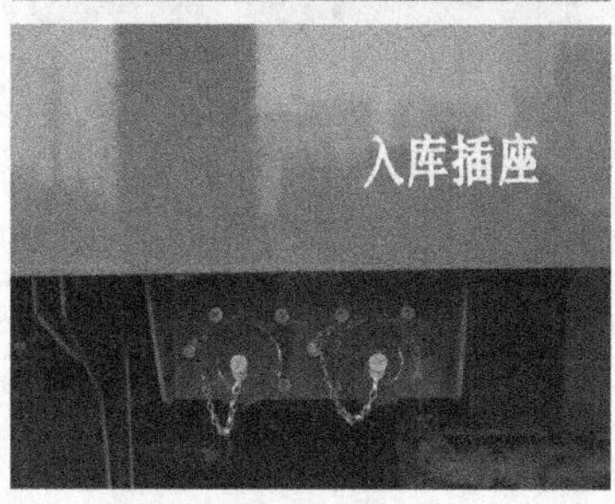
(13)右 3 轮对撒砂装置检查:同上第(9)项。	
(14)右 3 轮对轴箱检查:同上第(10)项。	
(15)右 3 轮对基础制动器及制动盘检查:同上第(7)项。	
(16)右 2 轮对轴箱检查:同上第(6)项。	
(17)右 2 轮对基础制动器及制动盘检查:同上第(7)项。	

裁 切 线

(18)二系高圆弹簧、车体侧挡、二系垂向油压减振器、行灯插座检查： ①外观检查二系高圆簧。无裂纹、伤痕、断簧。 ②外观检查车体侧挡。安装螺栓无松动，间隙正常，有油润。 ③外观检查接地装置接线及传感器接线盒。螺栓无松动，接地线断股不超10%；传感器接线盒安装牢固，接线绑扎紧固，插头无松动。 ④外观检查行灯插座。安装牢固，密封严密，线路无接磨。	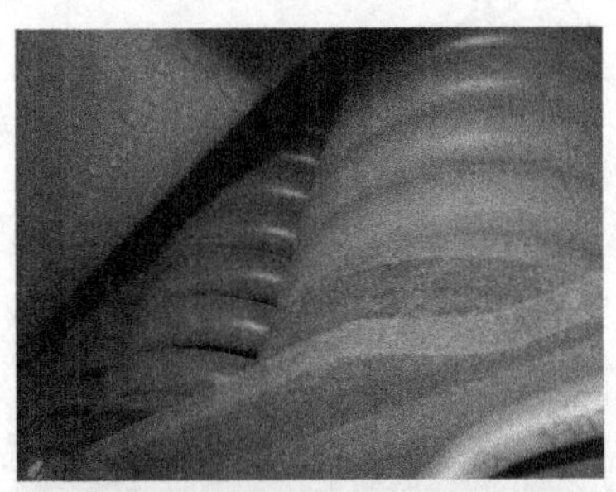  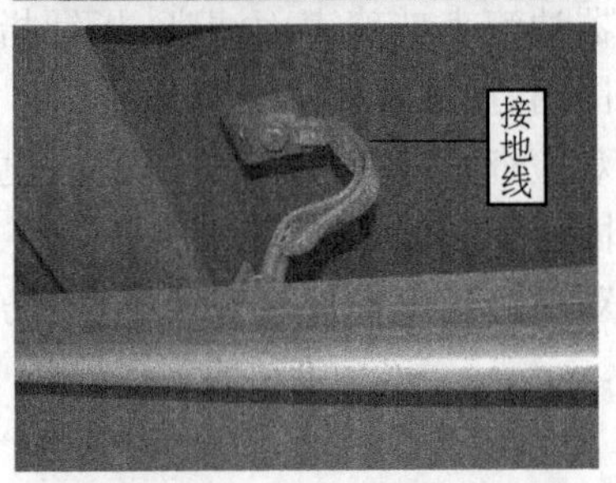 
(19)空气制动指示器、蓄能制动指示器检查：外观检查空气制动指示器、蓄能制动指示器。来风管无接磨，风管接头无松动，指示器安装牢固，管路无泄漏。	

	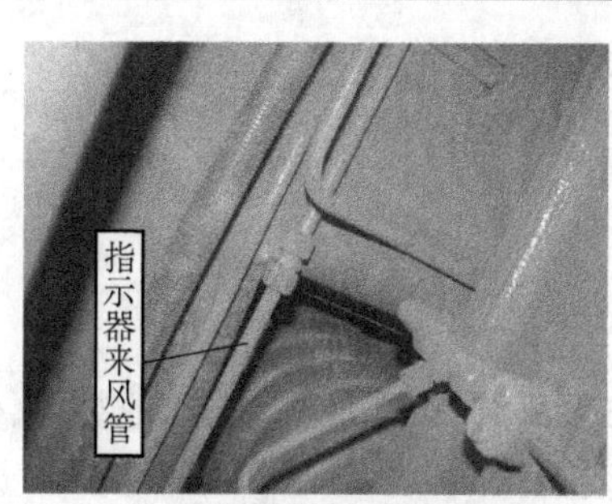
(20)二系垂向油压减振器检查： 外观检查二系垂向油压减振器。无漏油，安装螺母牢固无松动，上座及托板无裂纹，支架安装牢固。	
(21)右1轮对撒砂装置检查，右1轮对轴箱检查，右1轮对基础制动器及制动盘检查，右1轮对轮缘润滑器检查，同上。	
3. 机车前端部检查	
车钩检查，排障器检查，折角塞门、列车、总风、平均软管，防尘堵检查，前照灯、辅照灯、标志灯、刮雨器及重联插座、列供插座、集控插座检查，调车脚踏板及作业护杆检查，同机车后端部。	
4. 机车左侧检查	
(1)～(7)左1轮对撒砂装置检查，左1轮对轴箱检查，左1轮对基础制动器及制动盘检查，左1轮对轮缘润滑器检查，二系垂向油压减振器检查，左2轮对轴箱检查，左2轮对基础制动器及制动盘检查，同机车右侧。	

(8)二系高圆簧、车体侧挡、接地装置、传感器接线盒检查 ①外观检查二系高圆簧。无裂纹、伤痕、断簧。 ②外观检查车体侧挡。安装螺栓无松动,间隙正常,有油润。 ③外观检查接地装置接线及传感器接线盒。螺栓无松动,接地线断股不超10%;传感器接线盒安装牢固,接线绑扎紧固,插头无松动。	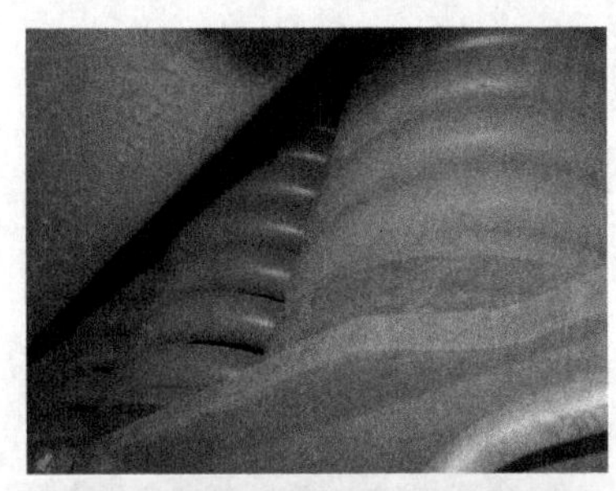  
(9)左3轮对撒砂装置检查:同上。	
(10)左3轮对轴箱检查:同上。	
(11)左3轮对基础制动器及制动盘检查:同上。	
(12)主变压器、油泵、蝶阀、排油阀、管路及复合冷却器下通风网、入库插座检查: ①外观检查主变压器主体。无异状、泄漏,螺栓紧固。	

裁　切　线

②外观检查油泵、蝶阀、油流继电器、排油阀及油管路。安装牢固，各处无漏油现象。各管卡子、支架牢固。油流继电器油流表玻璃表面清晰，指针指示在规定范围内，护盖及挂链齐全、牢固。 ③外观检查复合冷却器下通风网。通风网安装牢固，无破损、无异物。 ④外观检查入库插座。安装牢固，防脱链无断损。	 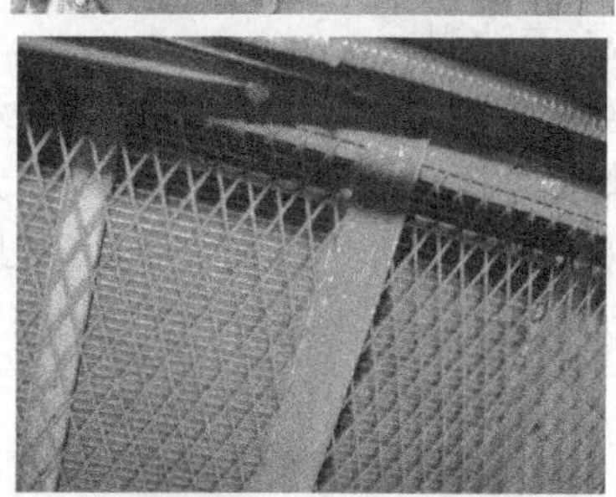 
(13)～(17)左 4 轮对撒砂装置检查，左 4 轮对轴箱检查，左 4 轮对基础制动器及制动盘检查，左 5 轮对轴箱检查，左 5 轮对基础制动器及制动盘检查，同上。	
(18)二系高圆弹簧、车体侧挡、行灯插座检查： ①外观及锤检二系高圆簧。无裂纹、伤痕、断簧。	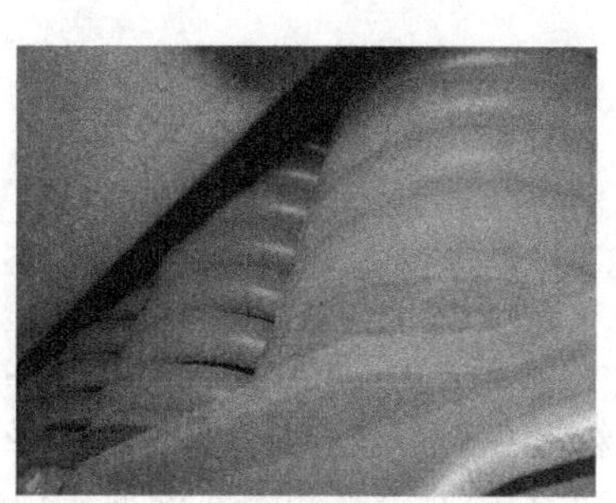

②外观检查车体侧档。安装螺栓无松动,间隙正常,有油润。 ③外观检查二系垂向油压减振器。无漏油,安装螺母牢固无松动,支架安装牢固。 ④外观检查行灯插座。安装牢固,密封严密,线路无接磨。	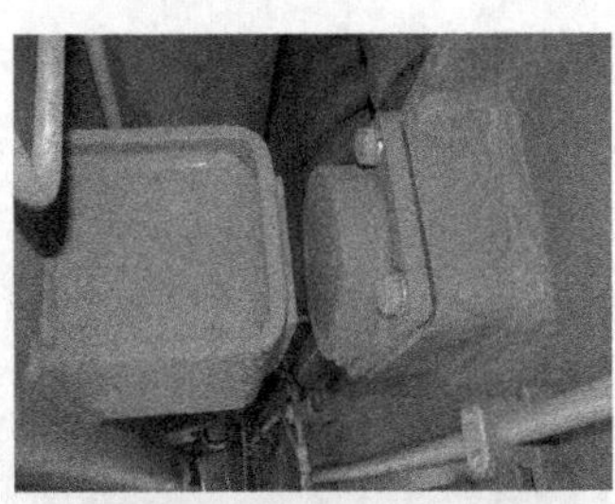  
(19)空气制动指示器、蓄能制动指示器检查:同上。	
(20)二系垂向油压减振器检查: 外观检查二系垂向油压减振器无漏油,安装螺母牢固无松动,上座及托板无裂纹,支架安装牢固。	
(21)~(24)左 6 轮对撒砂装置检查,左 6 轮对轴箱检查,左 6 轮对基础制动器及制动盘检查,左 6 轮对轮缘润滑器检查,同上。	

5. 机车后端底部检查

①外观锤检车钩下部各螺栓、缓冲器、钩尾销、钩尾销螺栓。各部螺栓紧固牢固，各开口销齐全，开度 60°，钩尾销防脱螺栓安装牢固，有油润，缓冲器与从板密贴且无上窜现象。
②外观检查安全吊。检查各部开口销齐全，开度 60°；各螺栓紧固；安全吊吊架、止挡无变形、移位；钩尾销螺栓、套筒不得存在严重弯曲、变形及裂纹，有油润，钩尾销螺栓磨损不得大于 1 mm、套筒磨损不得大于 2 mm。
③外观检查感应器(自动过分相)支架。感应器支架无开焊、松脱，螺栓紧固。
④外观检查轨道信号接收装置。安装牢固。
⑤外观检查扫石器、排障器。各螺栓无松动，排障器底面距轨面的距离为(110±10)mm；扫石器支架牢固，无裂损、变形，胶板无缺损，胶板距轨面的距离为(25±5)mm。
⑥外观检查制动、总风、平均管第二塞门。各阀柄位置正确，绑扎牢固，管路无泄漏。

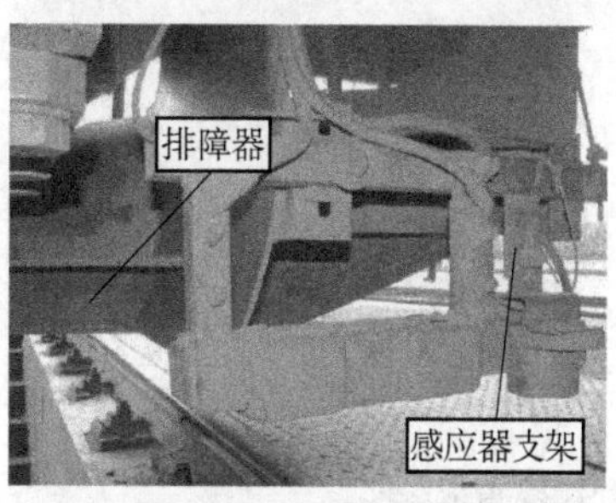

	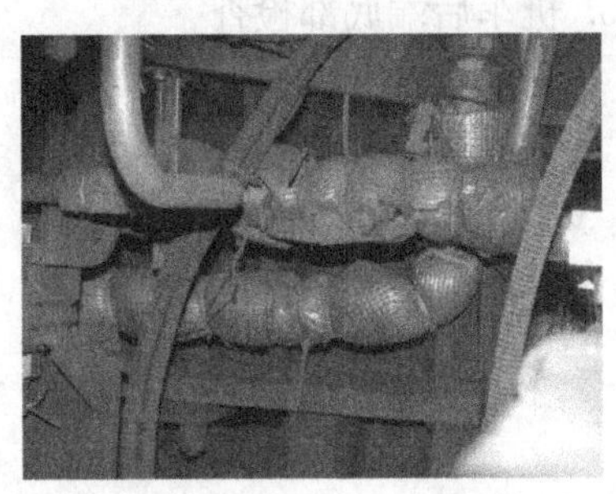
5. 第二转向架底部检查	
(1)横向减振器检查： 外观检查横向减振器无漏油，安装螺母牢固无松动，支架无裂损。	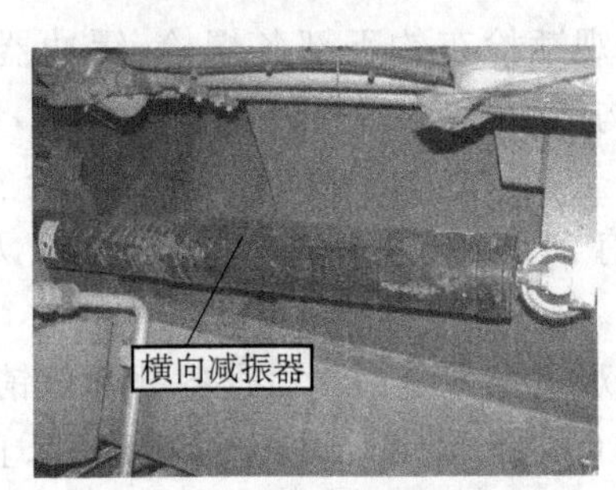
(2)牵引装置检查： ①外观检查牵引销装配、座、杆、橡胶关节。牵引销、挡圈、橡胶关节、托板安装牢固，螺栓无松动，橡胶关节无老化、裂损和挤出。各处焊缝无裂纹，螺堵与防缓螺栓无松动、变形，防缓铁丝无破损、断裂。 ②外观检查防脱落钢丝绳。钢丝绳无断股、折损，并呈自由状态，固定座、穿销、开口销完好。	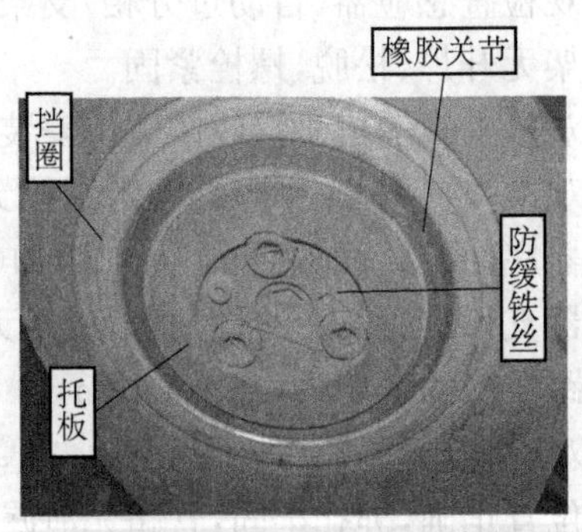 

裁 切 线

(3)第 6 轴轮对检查：
外观检查轮对。轮辋等各部无裂纹，轮缘无异常；踏面擦伤深度不超过 0.7 mm；缺陷或剥离长度不超过 40 mm，深度不超过 1 mm。

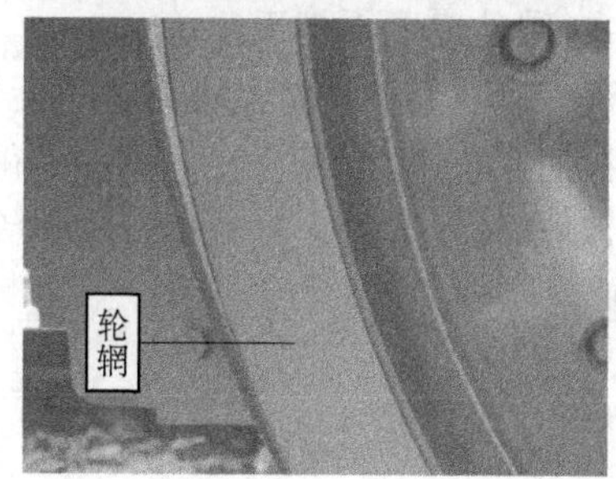

(4)第 6 轴弹停装置检查： 外观检查弹停装置无异常，风管接头无松动、泄漏；弹停风管无龟裂、泄漏。	
(5)左、右 6 基础制动器(制动盘、闸片、制动缸)检查： ①外观检查制动盘(检查时严禁敲击制动盘)。制动盘热裂纹长度不超过 65 mm，摩擦面擦伤深度不超过 1 mm。连接螺栓无松动。 ②外观检查闸片。安装牢固无裂纹，闸片卡簧正常，闸片厚度不小于 5 mm。 ③外观检查单元制动缸及夹钳。单元制动缸及夹钳的螺栓、螺母及衬套等零件不得松动、缺损，制动缸无卡滞。制动风管路牢固，无龟裂、泄漏。	 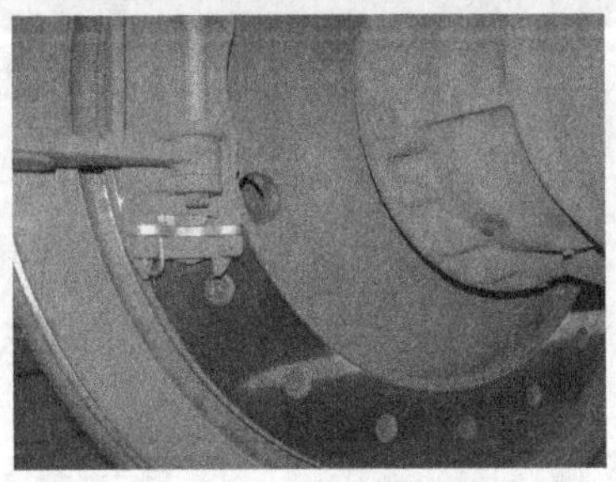

(6)第 6 轴齿轮箱检查：
①外观检查合口螺栓、安装螺栓无松动。
②外观检查箱体无裂纹、漏油；加油口盖、放油堵紧固，无漏油，放油堵防缓齐全；检查孔盖安装螺栓无松动、漏油。通气孔安装牢固、无漏油。

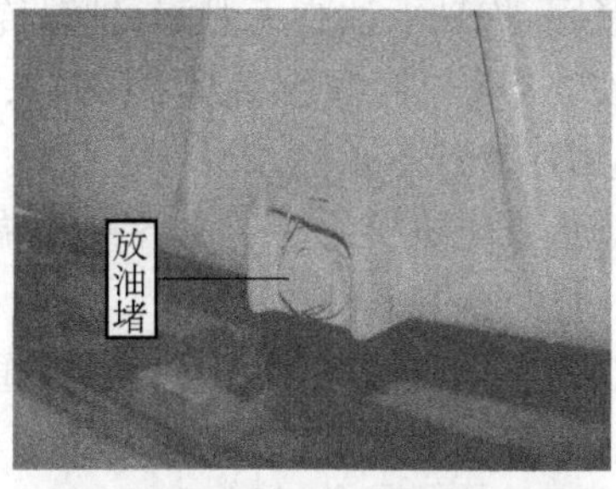

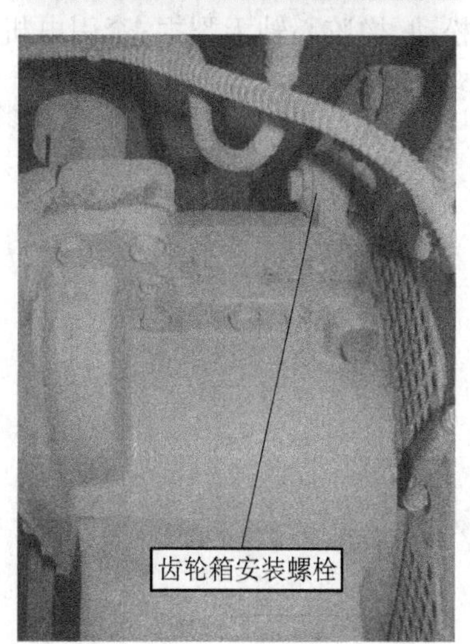

(7)第 6 轴电机悬挂装置检查：

①外观检查抱轴箱及轴温检测装置。各安装螺栓紧固，抱轴承油脂无泄漏；轴温传感器接线盒安装牢固，接线绑扎紧固，插头无松动（轴温贴片变色不超标）。

②外观检查电机接线端子。各接线端子部无松动、过热、断裂。

③外观检查电机吊杆、座、牵引电机通风道橡胶套。各部无裂纹，安装紧密无缝隙，固定螺栓无松动，橡胶心轴无裂损；牵引电机通风道橡胶套无裂损。

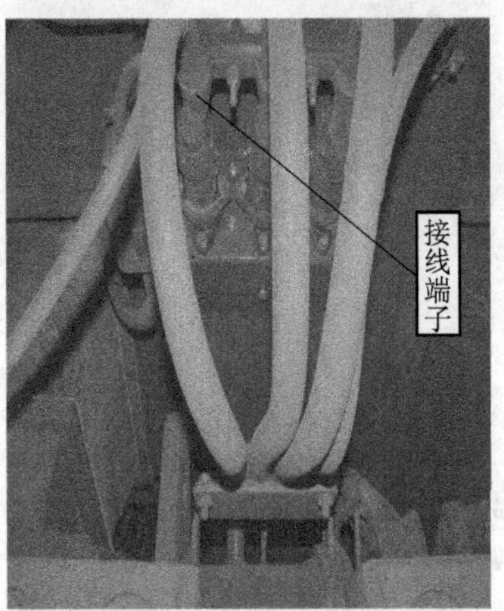

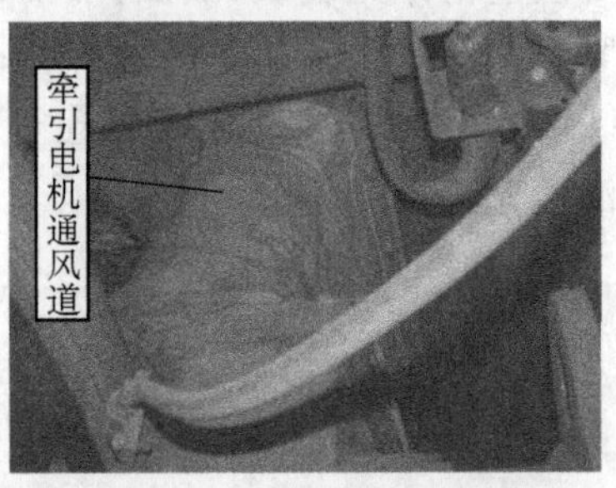

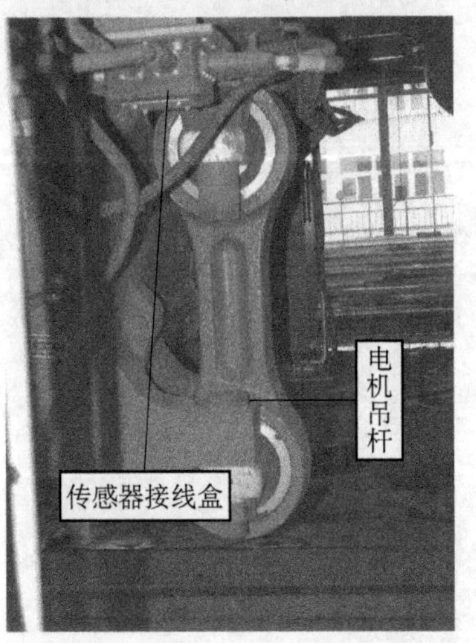

裁 切 线

(8)～(15)第 5 轴轮对检查,左、右 5 基础制动器(制动盘、闸片、制动缸)检查,第 5 轴齿轮箱检查,第 5 轴电机悬挂装置检查,第 4 轴轮对检查,左、右 4 基础制动器(制动盘、闸片、制动缸)检查,第 4 轴齿轮箱检查,第 4 轴电机悬挂装置检查,同上相同部件检查。	
(16)横向减振器检查: 外观检查横向减振器无漏油,安装螺母牢固无松动,支架无裂损。	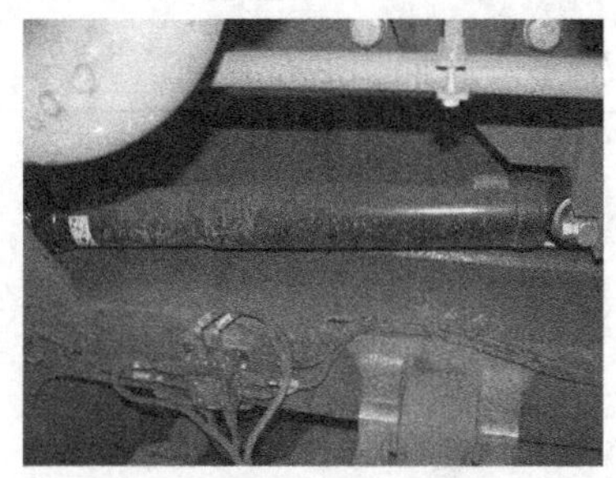
(17)转向架及其附件检查: 外观检查转向架整体各部部件、安装状态。各紧固部件无松动,部件无明显变形。	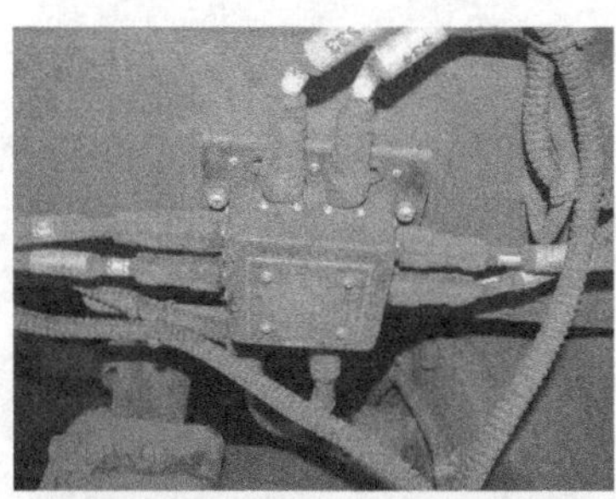 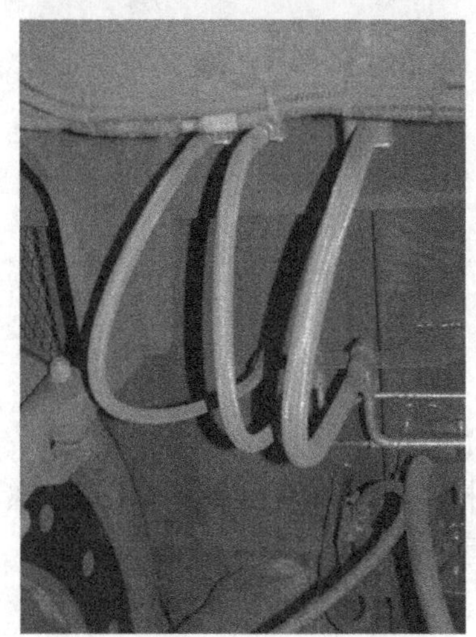

<table>
<tr><td colspan="2">6. 主变压器底部检查</td></tr>
<tr><td>(1)外观检查主变压器安装状态。螺栓紧固、箱体无变形、渗漏。各卡箍安装牢固、无裂纹。
(2)外观检查油管路。螺栓紧固牢固,法兰无渗漏。</td><td>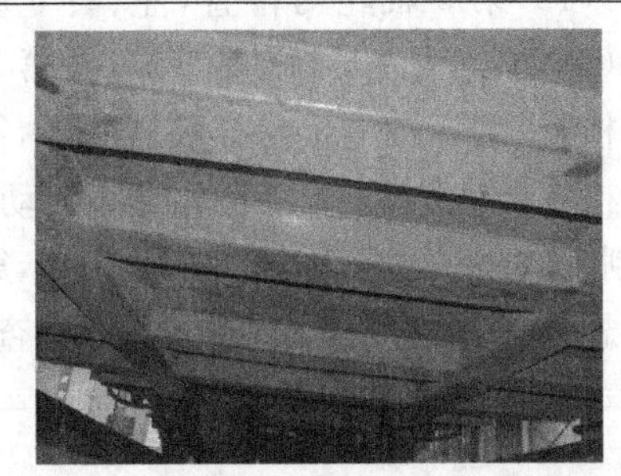</td></tr>
<tr><td colspan="2">7. 第一转向架底部检查</td></tr>
<tr><td>(1)转向架及其附件检查:
外观检查转向架整体各部部件、安装状态。各紧固部件无松动,部件无明显变形。</td><td>
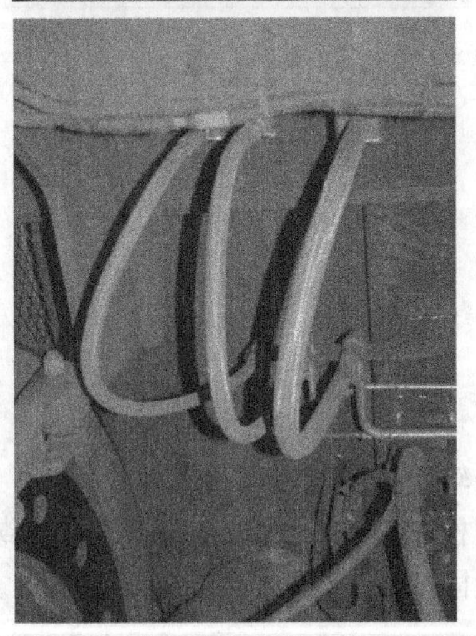</td></tr>
<tr><td>(2)横向减振器检查:
外观检查横向减振器无漏油,安装螺母牢固无松动,支架无裂损。</td><td>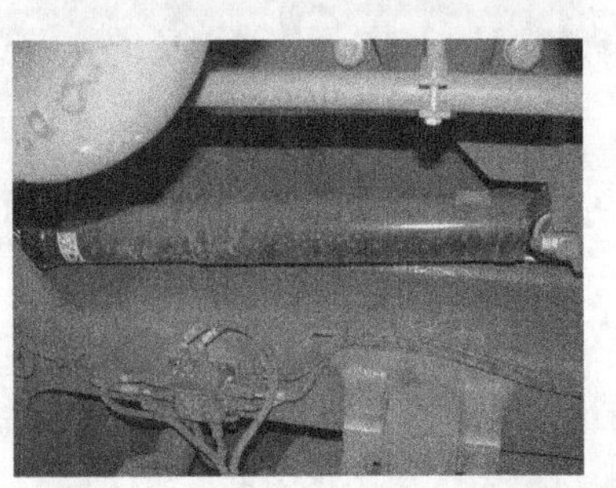</td></tr>
</table>

(3)第 3 轴轮对检查： 外观检查轮对。轮辋等各部无裂纹，轮缘无异常；踏面擦伤深度不超过 0.7 mm；缺陷或剥离长度不超过 40 mm，深度不超过 1 mm。	 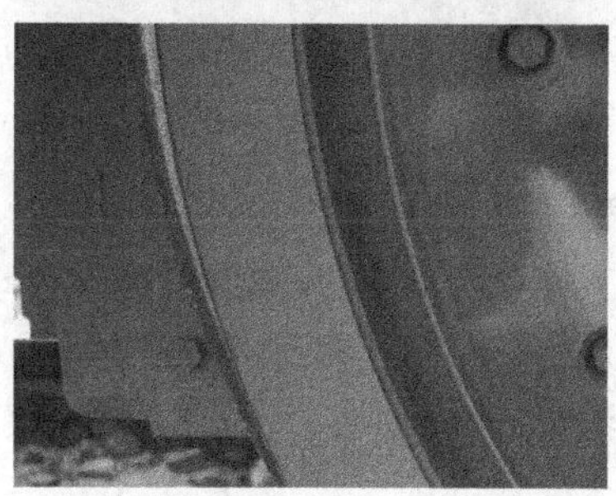
(4)左、右 3 基础制动器(制动盘、闸片、制动缸)检查： ①外观检查制动盘(检查时严禁敲击制动盘)。制动盘热裂纹长度不超过 65 mm，摩擦面擦伤深度不超过 1 mm。连接螺栓无松动。 ②外观检查闸片。安装牢固无裂纹，闸片卡簧正常，闸片厚度不小于 5 mm。 ③外观检查单元制动缸及夹钳。单元制动缸及夹钳的螺栓、螺母及衬套等零件不得松动、缺损，制动缸无卡滞。制动风管路牢固，无龟裂、泄漏。	 

(5)第 3 轴齿轮箱检查：
①外观检查合口螺栓、安装螺栓无松动。
②外观检查箱体无裂纹、漏油。
③加油口盖、放油堵紧固，无漏油，放油堵防缓齐全。
④检查孔盖安装螺栓无松动、漏油。通气孔安装牢固、无漏油。

裁 切 线

(6)第 3 轴电机悬挂装置检查：

①外观检查抱轴箱及轴温检测装置。各安装螺栓紧固，抱轴承油脂无泄漏。

轴温传感器接线盒安装牢固，接线绑扎紧固，插头无松动(轴温贴片变色不超标)。

②外观检查电机接线端子。各接线端子部无松动、过热、断裂。

③外观检查电机吊杆、座、牵引电机通风道橡胶套。各部无裂纹，安装紧密无缝隙，固定螺栓无松动，橡胶心轴无裂损；牵引电机通风道橡胶套无裂损。

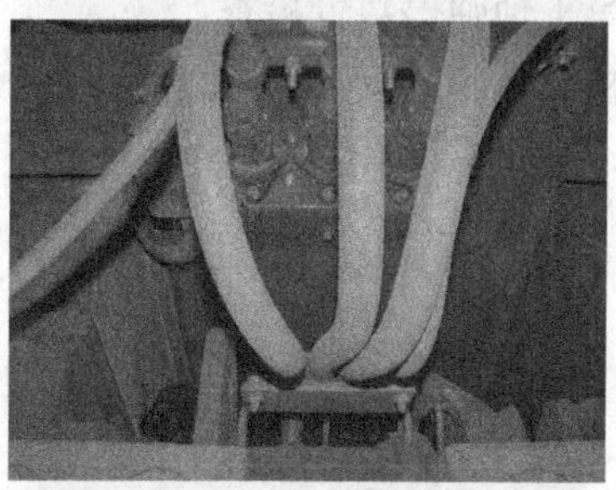

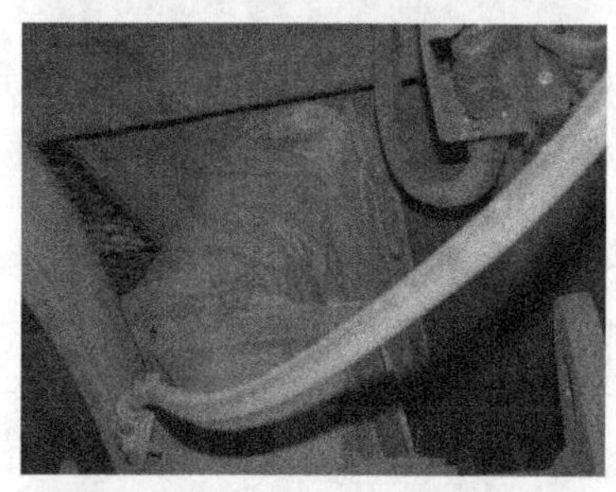

(7)～(11)第2轴轮对检查，左、右2基础制动器(制动盘、闸片、制动缸)检查，第2轴齿轮箱检查，第2轴电机悬挂装置检查，第1轴轮对检查，同上相同部件检查。	
(12)第1轴弹停装置检查： 外观检查弹停装置无异常，风管接头无松动、泄漏；弹停风管无龟裂、泄漏。	
(13)左、右1基础制动器(制动盘、闸片、制动缸)检查，同上。	
(14)～(15)第1轴齿轮箱检查，第1轴电机悬挂装置检查，同上。	
(16)牵引装置检查： ①外观检查牵引销装配、座、杆、橡胶关节。各部件安装牢固、螺栓无松动，橡胶关节无老化、裂纹和挤出。各处焊缝无裂纹，螺堵与防缓螺栓无松动、变形，防缓铁丝无破损、断裂。	 

②外观检查防脱落钢丝绳。钢丝绳无断股、折损，并呈自由状态；固定座、穿销、开口销开度 60°。	
(17)横向减振器检查：外观检查横向减振器。无漏油，安装螺母牢固无松动，支架无裂损。	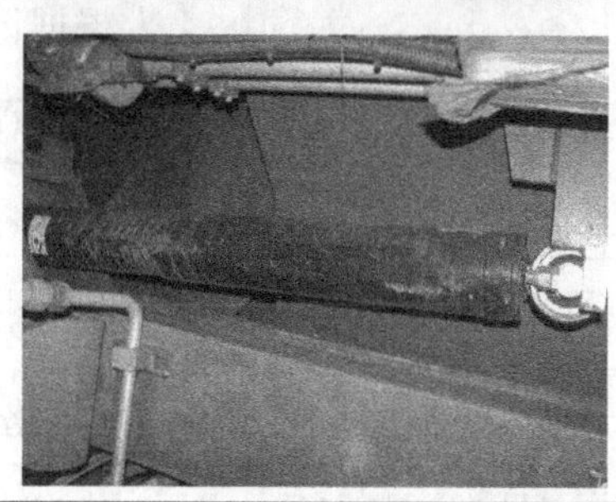
8. 机车前端底部检查	
前端底部检查同机车后端底部检查	

四、机车走行部故障填报单要点

填报故障活件要点

- 机车型号（例如HXD$_1$-0023）
- 哪节车或Ⅰ/Ⅱ端
- 左侧右侧（以司机位置为基准）
- 第几位（按车轴）
- 前后位置（同一轴有相同部件加以区别）
- 部件名称及位置（里侧外侧）
- 故障类型

如：SS$_4$G-7001 机车，A 节，左 2，下，轴箱拉杆与构架连接处，外侧固定螺栓松动。

五、计划与决策

班级		组别	
小组成员			
记录		时间	

项目计划

(1)人员分工计划

序号	姓名	职责	备注
		2 人假设故障(10 处)	
		1 人走行部检查并记录	
		1 人根据记录进行核验	
		1 人根据评分标准打分	

(2)完成任务计划

要点:请根据步骤数量画上横格线,并填写内容。

序号	步骤名称	工作要点

教师指导意见

教师签名:　　　　　　日期:

裁　切　线

小组决策	
	决策意见：
	作业流程：
	所需工具：
	注意事项：

六、项目实施

班级		组别	
小组成员			
记录		时间	

实施(任务完成)	
	(1)讨论 10 处走行部假设故障，包括类型及个数。
	(2)根据走行部检查标准查找故障并记录。
	(3)根据记录对假设故障进行检测。
	(4)根据走行部检查评分标准进行打分。
变更计划记录	在实施过程中，如果执行计划有变更，请做记录，并说明理由。

教师指导意见	教师签名： 日期：

【任务评价】

以团队小组为单位完成任务，以学生个人为单位实行考核。

姓名	假设故障选择			检查及记录			故障核验			得分
	自评	互评	教师评	自评	互评	教师评	自评	互评	教师评	

说明：

1. 每个人的总分为100分，采用多主体评价。

2. 每个主体进行评价的评价标准为：正确假设故障（20分）、故障检查并记录（50分）、故障核验（20分）、语言流畅、思路清晰（10分）。

3. 建议权重计为：自评分占0.2，互评分占0.3，教师评分占0.5，然后加权算出每位同学在本项目中的综合成绩。

裁　切　线

课程名称	列车构造认知与检查	学习情境	车钩拆装
班级		姓名	

学习情境二　车钩拆装

【学习情境描述】

通过车钩拆装实训学生应认知自己所从事工作的任务、工作要求、所进行的活动及工作流程，能够分析车钩在机车中的作用，了解车钩基本结构和工作原理并能使用通用工量具对具体部件进行测量检修，同时兼备分析、查找机械零件破损原因，并提出相应的预防措施及处理方法。在任务实施过程中，通过分组完成车钩拆装，提高学生团队合作意识，培养协同创新能力。

【学习目标】

1. 知识目标

(1)总体认知下作用式 13 号车钩结构及功能。

(2)能说出下作用式 13 号车钩各部件的名称。

(3)明确下作用式 13 号车钩各部件的功能。

2. 能力目标

(1)能正确、熟练地对下作用式 13 号车钩按拆卸、组装工艺流程进行有序的拆卸和组装，包括对拆卸下的零件有序的排放。

(2)对拆卸的零件能够判断是否达到失效的标准(有无裂纹)，零件出现裂纹强度降低，出现裂纹的零件在内应力、剪切力及外力的作用下极易发生损坏。

3. 素质目标

(1)培养良好的合作意识、语言表达能力和与人沟通能力。

(2)培养认真踏实、动手检查能力、形象思维能力。

(3)养成良好的安全与自我保护能力。

【任务书】

通过本次车钩拆装技能训练，了解车钩的相关技术要求，掌握下作用式 13 号自动车钩各部件结构组成，加深对车钩三态作用的理解；掌握车钩的拆装工艺流程，能够正确使用工具熟练拆装车钩；掌握车钩各部件检修要求及标准，能够正确使用工量具对车钩各部件进行检查；掌握车钩三态作用的试验方法，并能够正确使用工量具测量车钩的相关技术参数。

【任务分组】

小组成员		任务分工
姓名	学号	
		1. 车钩拆卸
		2. 车钩各部件检修
		3. 车钩装配

【引导问题】

1. 你对车钩的类别及基本结构有哪些认知?

2. 你了解两车钩是如何相互连挂及摘除的么?

3. 你能够识别车钩出现疲劳损坏时机械零件的表现形式么?

【任务实施】

一、13 号下作用式车钩拆装前作业流程

1. 操作人员,戴好手套,做好防护措施,保证安全作业。
2. 检查拆检工具是否齐全,检验工量具的量程是否满足作业要求。
3. 进行机车车钩的拆装作业时,须做好防溜措施,拧紧手制动机,打好止轮器,机车前后端挂好禁动牌。

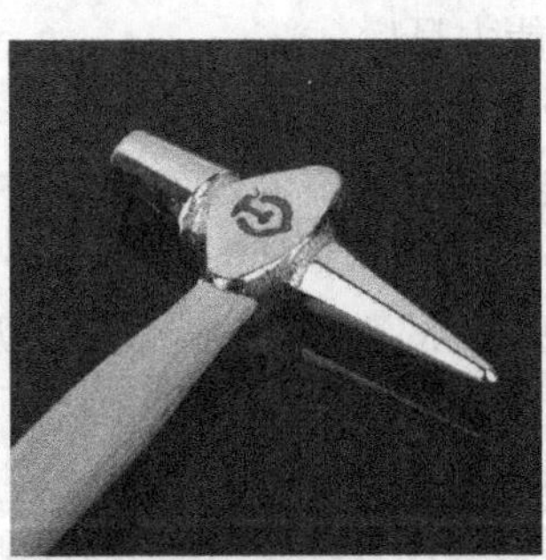

<table>
<tr><th colspan="2">二、13 号下作用式车钩拆装作业流程</th></tr>
<tr><td>1. 将车钩提至全开位后，用手锤、小撬棍将钩舌销的开口销取下。
2. 观察低碳钢开口销有无发生断裂失效。</td><td>
</td></tr>
<tr><td>3. 抽出开口销后取出钩舌销，探伤检查钩舌销表面有无裂纹（若钩舌销表面出现裂纹，其强度降低，在内应力及外力的作用下极易被破坏）。
4. 抽出钩舌销后，取下钩舌，检查钩舌型腔、轮廓面有无裂纹（若出现裂纹，零件强度降低在内外应力及外力的作用下极易被破坏）。</td><td>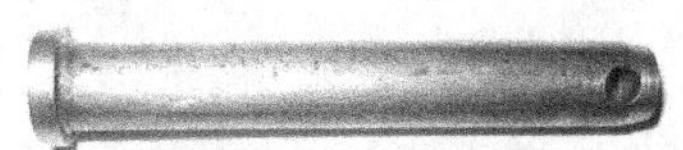
</td></tr>
<tr><td>5. 取出钩锁铁，检查是否有裂纹（出现裂纹后，零件极易被破坏）。</td><td></td></tr>
<tr><td>6. 取出钩舌推铁，检查是否有裂纹；检查钩头内腔是否有裂纹（出现裂纹后，零件极易被破坏）。</td><td>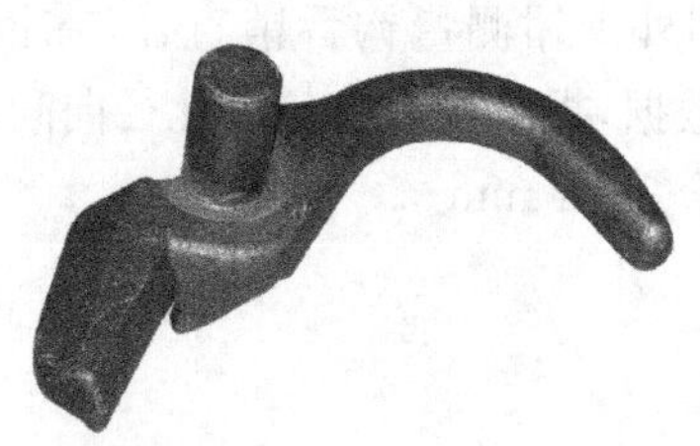</td></tr>
</table>

7. 检查钩舌销套、钩舌耳套是否松动(钩舌销套与钩舌光孔之间为过盈配合,同理钩舌耳套与钩头耳板光孔之间为过盈配合)。 8. 检查钩舌与钩体的上下承力面接触是否良好,保证受力均匀。	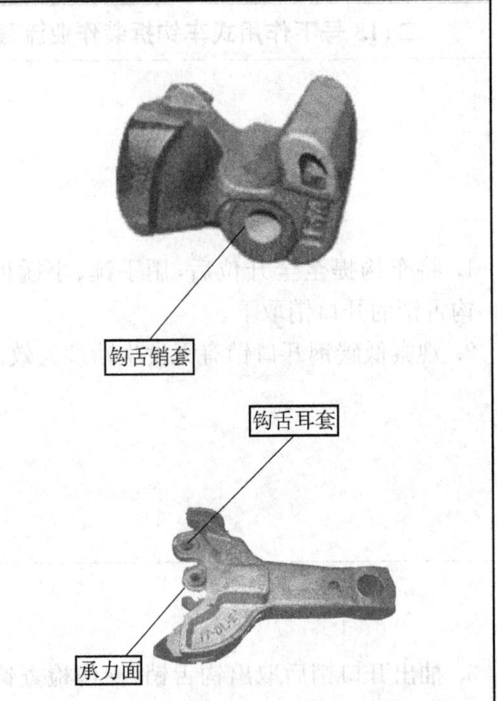
9. 用内卡钳测量钩舌销孔内径,在钢板尺上读取数据。	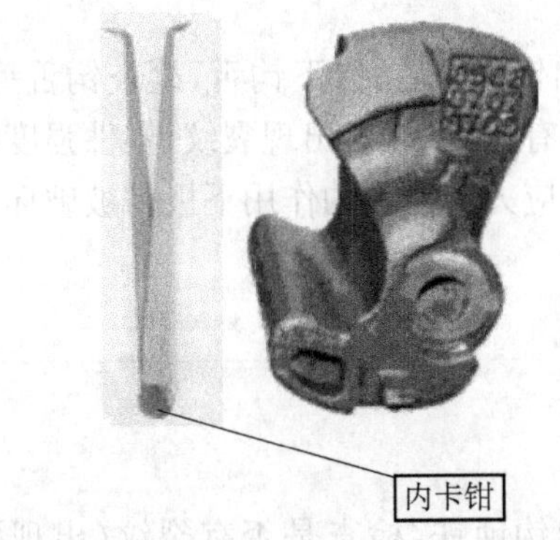
10. 用外卡钳测量钩舌销直径,在钢板尺上读取数据,报出钩舌销与销孔径向间隙数据,应符合 1~4 mm。	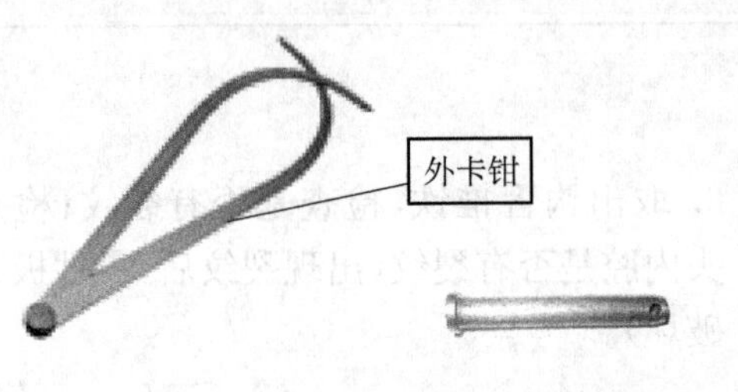

<table>
<tr><td>11. 组装车钩。装入钩舌推铁、钩锁铁，提钩提杆使钩锁铁上移，拨动钩舌推铁，卡住钩锁铁不下落。装入钩舌、装入钩舌销及开口销，开口销两脚打开角度为 60°。（13 号下作用式车钩组装工艺流程与拆卸流程相反，遵循先拆后装的原则）。</td><td>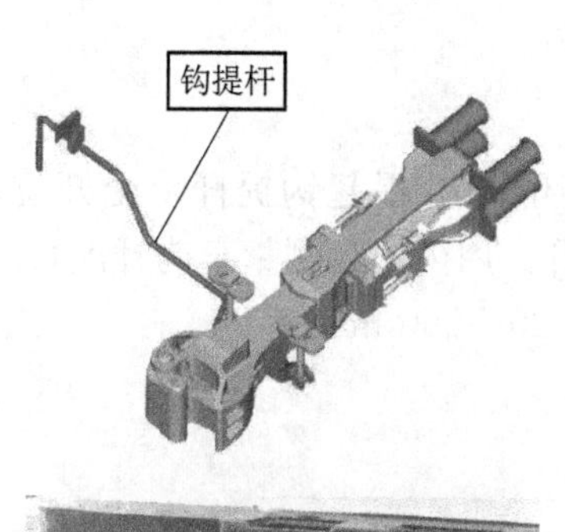

</td></tr>
<tr><td colspan="2">三、13 号下作用式车钩组装完毕，检查车钩三态作用</td></tr>
<tr><td>1. 检查闭锁位，扳动车钩钩舌，钩舌被锁铁锁死，不能转动打开，锁闭位作用良好。用内卡钳量取车钩开度，在 300 mm 钢尺上读取数据，应为 110～130 mm。</td><td>
</td></tr>
<tr><td>2. 缓慢提起钩提杆，使锁铁上移，手动扳动钩舌至全开位，开锁良好。</td><td></td></tr>
</table>

3. 锁闭车钩，提起钩提杆至全开位，钩舌全部打开。用内卡钳测量车钩开度，读取数据，应为 220～250 mm。	

四、撤除防护措施，清理作业场地

五、计划与决策

班级		组别	
小组成员			
记录		时间	

项目计划

(1)人员分工计划

序号	姓名	职责	备注
		1 人拆卸车钩并合理摆放零部件	
		2 人检查车钩各零部件是否失效并记录	
		1 人根据拆装工艺流程组装车钩	
		1 人根据评分标准打分	

(2)完成任务计划

要点：请根据步骤数量画上横格线，并填写内容。

序号	步骤名称	工作要点

裁切线

<table>
<tr><td>教师指导意见</td><td colspan="3">

教师签名：　　　　日期：</td></tr>
<tr><td rowspan="4">小组决策</td><td colspan="3">决策意见：</td></tr>
<tr><td colspan="3">作业流程：</td></tr>
<tr><td colspan="3">所需工具：</td></tr>
<tr><td colspan="3">注意事项：</td></tr>
<tr><td colspan="4">六、项目实施</td></tr>
<tr><td>班级</td><td></td><td>组别</td><td></td></tr>
<tr><td>小组成员</td><td colspan="3"></td></tr>
<tr><td>记录</td><td></td><td>时间</td><td></td></tr>
<tr><td rowspan="4">实施（任务完成）</td><td colspan="3">(1)安全拆卸车钩各零部件并讨论车钩各组成部件的作用。</td></tr>
<tr><td colspan="3">(2)根据车钩的功能要求评判各零件是否失效并记录。</td></tr>
<tr><td colspan="3">(3)根据假定失效零件的记录并对失效零部件进行检测。</td></tr>
<tr><td colspan="3">(4)根据车钩拆装工艺流程正确安装并根据评分标准进行打分。</td></tr>
</table>

变更计划记录	在实施过程中，如果执行计划有变更，请做记录，并说明理由。
教师指导意见	教师签名：　　　　日期：

【任务评价】

以团队小组为单位完成任务，以学生个人为单位实行考核。

姓名	假设故障选择			检查及记录			故障核验			得分
	自评	互评	教师评	自评	互评	教师评	自评	互评	教师评	

说明：

1. 每个人的总分为100分，采用多主体评价。

2. 每个主体进行评价的评价标准为：正确假设故障(20分)、故障检查并记录(50分)、故障核验(20分)、语言流畅、思路清晰(10分)。

3. 建议权重计为：自评分占0.2，互评分占0.3，教师评分占0.5，然后加权算出每位同学在本项目中的综合成绩。

项目	考核标准	扣分	扣分次数	扣分合计
准备工作(A)	1. 着装不符合要求	2		
	2. 工、量具错、少	2/件		
	3. 其他错漏	2/项		

裁切线

时间(B)	1. 超过规定时间	2/min		
	2. 超过规定时间 2 min	4		
	3. 超过规定时间 3 min	失格		
作业过程(C)	1. 操作检查测量调整方法不当或误认	3～4/次		
	2. 工序错乱	5/次		
	3. 漏拆、漏检、漏测、漏修	5/次		
	4. 零部件或工、量具脱落	5～10/次		
	5. 违法修或违反安全注意事项	10/次		
	6. 口述内容有遗漏、错误	2/次		
	7. 工作中返工	10/次		
	8. 作业后未按要求恢复、整理	3/次		
	9. 备注			
其他(D)	1. 考委认为有不当并指出	2～5/次		
	2. 责任性损坏工量具、设备者	失格		
	3. 发生工伤者	失格		
总分	总分＝(100－A、B、C、D 合计扣分)		合计扣分	

课程名称	列车构造认知与检查	学习情境	CR400AF 型动车组车顶设备检查作业
班级		姓名	

学习情境三　CR400AF 型动车组车顶设备检查作业

【学习情境描述】

CR400AF 型动车组每次累计运行 6 000 km 或 48 h 就需进行一次一级检修，一级检修是对运用动车组的车顶、车下、车体两侧、车内和司机室等部位实施快速例行检查、试验和故障处理的检修作业，车顶检查是其中很重要的一个环节，对保障动车组的安全运行至关重要。

【学习目标】

1. 知识目标

(1)能说出动车组车顶各部件的名称。

(2)知道动车组车顶各部件的基本结构。

2. 能力目标

(1)能正确地对动车组车顶进行检查，包括：天线、高压接头箱活盖、空调机组、车顶避雷器、半刚性终端、受电弓、受电弓监测装置等。

(2)能在车顶检查过程中发现故障。

3. 素质目标

(1)培养良好的合作意识、语言表达能力和与人沟通的能力。

(2)培养认真踏实、动手检查能力、形象思维能力。

(3)养成良好的安全与自我保护能力。

【任务书】

本任务是动车组机械师的工作岗位职责要求，动车组的一级检修对保障动车组的安全运行至关重要，车顶检查是其中很重要的一个环节，也是动车组机械师必备的一项技能。

(1)掌握动车组检查的基本知识。

(2)对动车组车顶进行检查，包括：天线、高压接头箱活盖、空调机组、车顶避雷器、半刚性终端、受电弓、受电弓监测装置等，并在检查过程中发现故障。

裁　切　线

【任务分组】

小组成员		任务分工
姓名	学号	

【引导问题】

1. CR400AF 型动车组车顶有哪些设备？

2. CR400AF 型动车组与之前型号动车组相比车顶设备有什么变化？

【任务实施】

一、作业程序

序号	检查项目	作业质量标准
1	车顶天线检查（01、05、00 车）	(1)车顶各天线无裂损、变形，外观、安装及密封良好。 (2)安装基座安装牢固，无变形，螺栓无松动或缺失，防松标志清晰无错位。 车顶天线（01、00 车）　车顶天线（05 车）
2	车顶板、外风挡、标记及高压接头箱活盖（全列）	(1)各车顶部外风挡无破损，外观及安装状态良好。 (2)各车顶标记状态良好，无破损、脱落。 (3)各车高压接头箱目测无撞击变形、无裂纹或破损，密封胶无变形、开裂。

序号	检查项目	作业质量标准
2	车顶板、外风挡、标记及高压接头箱活盖(全列)	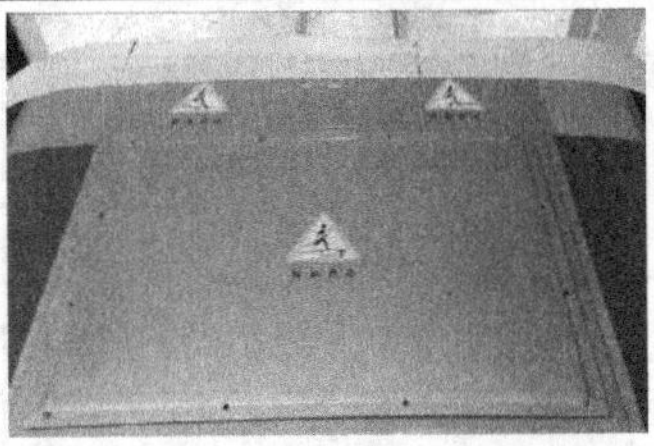 高压接头箱活盖及车顶标记
3	空调机组(全列)	(1)检查空调机组盖板安装正常,固定螺栓无松动。 (2)检查空调机组导流罩正常,固定螺栓无松动,导流罩与车体表面贴合紧密无翘起现象。 (3)检查空调机组上防滑带无起边、翘起等现象。 (4)清理冷凝进风、出风格栅上的落叶等杂物。  空调机组  新风格栅 (5)检查空调机组新风格栅无脏堵,固定螺栓无松动。
4	车顶避雷器、半刚性终端(03、06 车)	(1)受电弓处半刚性终端头外观无损伤,清洁半刚性终端外护套。 (2)车顶避雷器外套有无裂纹、伤痕,判断避雷器有无缺陷,清洁避雷器外护套。 ①发现伞群有缺损,伞群缺损面积≥30 mm^2,应立即更换。 ②发现伞群有开裂,伞群开裂深度超过 2 mm,长度超过 15 mm,应立即更换。

序号	检查项目	作业质量标准
4	车顶避雷器、半刚性终端(03、06 车)	③避雷器护套有破损、开裂、飞石击破应立即更换。 ④发现有电蚀、烧损等现象应立即更换。 (3)检查车顶半钢终端及车顶避雷器接地线接地良好等。 (4)检查受电弓向车内处洛克塞克压紧模块状态正常,橡胶无老化、裂纹。
5	受电弓 (03、06 车)	(1)检查受电弓底架、阻尼器、升弓装置、下臂、弓装配、下导杆、上臂、上导杆、绝缘软管配件齐全,状态良好,升弓装置胶囊无裂损。 (2)检查软铜编织线完整,连接无松动,无磨损,断股不得超过 10%。 (3)检查气路连接良好,绝缘管清洁。 (4)检查碳滑板出现以下情况时更换: ①剩余碳条高度不符合规定。 ②出现较大的碳结块。 ③边缘处发现碳结块及裂缝。 ④大裂纹延伸到支座上,电气部件因腐蚀发生损坏。检查发现碳结块时,用粗锉刀锉平锐利的边缘。 (5)双滑板受电弓两滑板之间的高度差不超过 3 mm,超限需更换。 (6)检查弓角无变形,弓角弹簧及拉杆无折损。 (7)通知司机室维修组人员升弓(网线无高压电),检查升弓风管路无泄漏。 (8)受电弓平台隔声罩状态良好,无撞击变形、裂纹或破损,密封胶无变形、开裂。 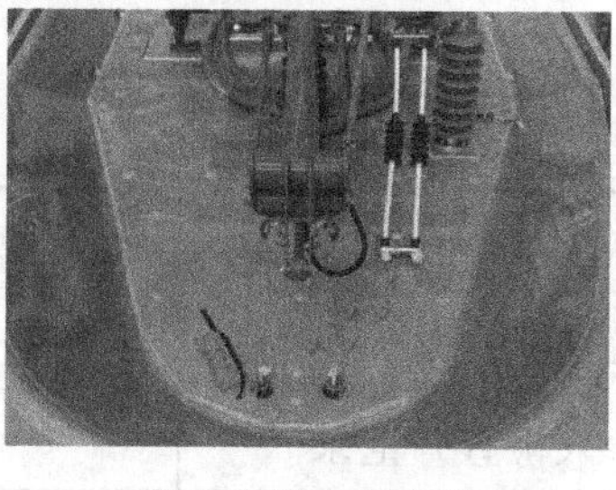 受电弓平台隔声罩 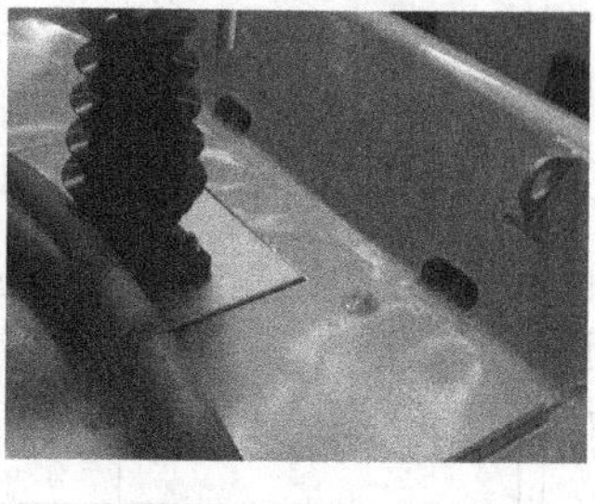　　受电弓平台排水管 (9)受电弓平台底部排水管(每个平台 4 处)畅通、无异物堵塞。
6	受电弓监测装置 (03、06 车)	(1)检查受电弓监测装置外观及安装状态良好,装置外壳无变形、损坏。

序号	检查项目	作业质量标准
6	受电弓监测装置（03、06 车）	(2)检查摄像头防护罩无变形、松动、破损,防护玻璃表面无裂纹、破损,内部摄像头外观及安装状态良好,补光灯照明良好。 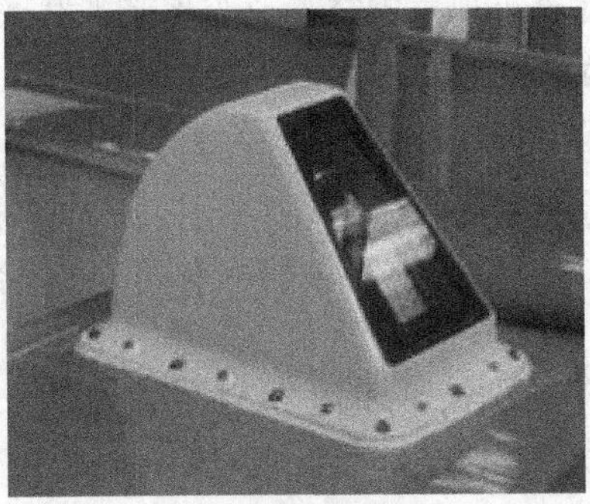 受电弓监测装置 　摄像头及补光灯 (3)使用刀口布对摄像头防护玻璃进行擦拭。 (4)检查受电弓监测装置底部安装螺栓紧固无松动,防松标记清晰。
工具	手电筒、对讲机、钢板尺、刀口布、清洁剂、弹簧秤、绳子。	

二、计划与决策

班级		组别	
小组成员			
记录		时间	
项目计划	(1)人员分工计划		

序号	姓名	职责	备注
		2 人假设故障(10 处)	
		1 人检查并记录	
		1 人根据记录进行核验	
		1 人根据评分标准打分	

裁　切　线

<table>
<tr><td rowspan="1">项目计划</td><td>(2)完成任务计划
要点:请根据步骤数量画上横格线,并填写内容。
<table><tr><th>序号</th><th>步骤名称</th><th>工作要点</th></tr><tr><td></td><td></td><td></td></tr></table></td></tr>
<tr><td>教师指导意见</td><td>教师签名:　　　　日期:</td></tr>
<tr><td rowspan="4">小组决策</td><td>决策意见:</td></tr>
<tr><td>作业流程:</td></tr>
<tr><td>所需工具:</td></tr>
<tr><td>注意事项:</td></tr>
</table>

<table>
<tr><td colspan="4">三、项目实施</td></tr>
<tr><td>班级</td><td></td><td>组别</td><td></td></tr>
<tr><td>小组成员</td><td colspan="3"></td></tr>
<tr><td>记录</td><td></td><td>时间</td><td></td></tr>
<tr><td rowspan="4">实施(任务完成)</td><td colspan="3">(1)讨论 10 处假设故障,包括类型及个数。</td></tr>
<tr><td colspan="3">(2)根据检查标准查找故障并记录。</td></tr>
<tr><td colspan="3">(3)根据记录对假设故障进行检测。</td></tr>
<tr><td colspan="3">(4)根据检查评分标准进行打分。</td></tr>
<tr><td>变更计划记录</td><td colspan="3">在实施过程中,如果执行计划有变更,请做记录,并说明理由。</td></tr>
<tr><td>教师指导意见</td><td colspan="3">教师签名:　　　　日期:</td></tr>
</table>

裁　切　线

【任务评价】

以团队小组为单位完成任务，以学生个人为单位实行考核。

姓名	假设故障选择			检查及记录			故障核验			得分
	自评	互评	教师评	自评	互评	教师评	自评	互评	教师评	

说明：

1. 每个人的总分为 100 分，采用多主体评价。

2. 每个主体进行评价的评价标准为：正确假设故障（20 分）、故障检查并记录（50 分）、故障核验（20 分）、语言流畅、思路清晰（10 分）。

3. 建议权重计为：自评分占 0.2，互评分占 0.3，教师评分占 0.5，然后加权算出每位同学在本项目中的综合成绩。

课程名称	列车构造认知与检查	学习情境	CR400AF 型动车组司机室设备供电前检查
班级		姓名	

学习情境四　CR400AF 型动车组司机室设备供电前检查

【学习情境描述】

CR400AF 型动车组每次累计运行 6 000 km 或 48 h 就需进行一次一级检修，一级检修是对运用动车组的车顶、车下、车体两侧、车内和司机室等部位实施快速例行检查、试验和故障处理的检修作业，司机室检查是其中很重要的一个环节，对保障动车组的安全运行至关重要。

【学习目标】

1. 知识目标

(1)能说出动车组司机室各部件的名称。

(2)知道动车组司机室各部件的基本结构。

2. 能力目标

(1)能正确地对动车组司机室进行检查，包括：头灯、标识灯、开闭罩、排障器、联络电话、乘客紧急制动拉闸、司控器手柄、操纵台设备及开关、司机室电压表、风压表、司机室前舱、司机室配电盘、转换开关盘、总配电盘、ATP 机柜、控制柜、直流柜、交流柜、温水污物配电盘等。

(2)能在司机室检查过程中发现故障。

3. 素质目标

(1)培养良好的合作意识、语言表达能力和与人沟通的能力。

(2)培养认真踏实、动手检查能力、形象思维能力。

(3)养成良好的安全与自我保护能力。

【任务书】

本任务是动车组机械师的工作岗位职责要求，动车组的一级检修对保障动车组的安全运行至关重要，司机室检查是其中很重要的一个环节，也是动车组机械师必备的一项技能。

(1)掌握动车组检查的基本知识。

(2)对动车组司机室进行检查，包括：头灯、标识灯、开闭罩、排障器、联络电话、乘客紧急制动拉闸、司控器手柄、操纵台设备及开关、司机室电压表、风压表、司机室前舱、司机室配电盘、转换开关盘、总配电盘、ATP 机柜、控制柜、直流柜、交流柜、温水污物配电盘等，并在检查过程中发现故障。

裁　切　线

【任务分组】

小组成员		任务分工
姓名	学号	

【引导问题】

1. CR400AF 型动车组司机室有哪些设备?

2. CR400AF 型动车组与之前型号动车组相比司机室设备有什么变化?

【任务实施】

一、作业程序

序号	检查项目	作业质量标准
1	头灯、标识灯、开闭罩、排障器(01、00 车)	(1)在车上进行近光灯、远光灯、标识灯操作,下车确认各灯工作状态良好。 (2)车头及开闭罩外观无破损、明显异物击打变形或裂纹,开闭罩无明显张开。 (3)刮雨器外观良好,司机室窗玻璃齐全完整,无损坏。 车头外观

序号	检查项目	作业质量标准
1	头灯、标识灯、开闭罩、排障器（01、00车）	(4)主排障器外观状态良好，无撞击变形、无裂纹或破损；前端排障板紧固螺栓防松标记清晰、无错位。 (5)辅助排障器外观状态良好，距轨面高度20～28 mm。 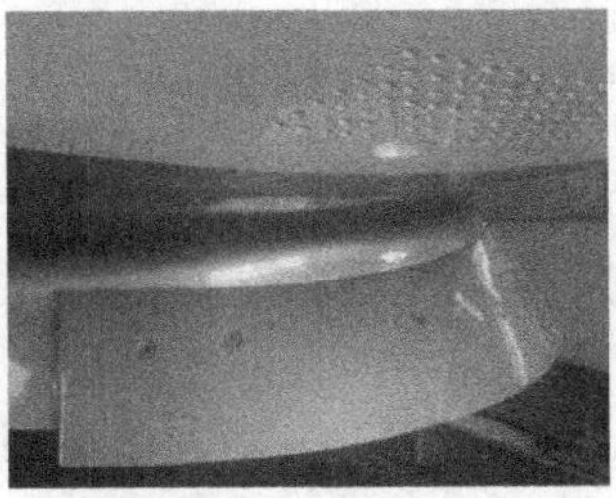 前端排障板 　辅助排障器
2	联络电话（全列）	检查联络电话装置安装良好，并通话试验确认效果。  联络电话
3	乘客紧急制动拉闸（全列）	(1)配置齐全，状态良好。 (2)检查乘客拉闸处于缓解位，外观良好，安装座牢固；铅封的安装位置正确。  铅封位置 乘客紧急制动拉闸

序号	检查项目	作业质量标准
4	司控器手柄（01、00 车）	检查司控器手柄无损伤、卡滞、脱挡，安装无松动。试验各挡位应无卡滞、流畅，试验完毕后将手柄置于 0 位。  司控器手柄
5	操纵台设备及开关（01、00 车）	（1）检查操纵台表面无划痕、脱漆，刻字清楚，紧固件无松动。 （2）台面上的各类按钮、各类拨键开关按压、拨动正常。紧急制动、紧急断电开关处于断开位置（弹起状态）。 （3）下部台体左右检修门能正常打开，无磕碰。 （4）检查左下部台体中的空气管开闭器外观安装状态良好。  操纵台 　紧急断电开关 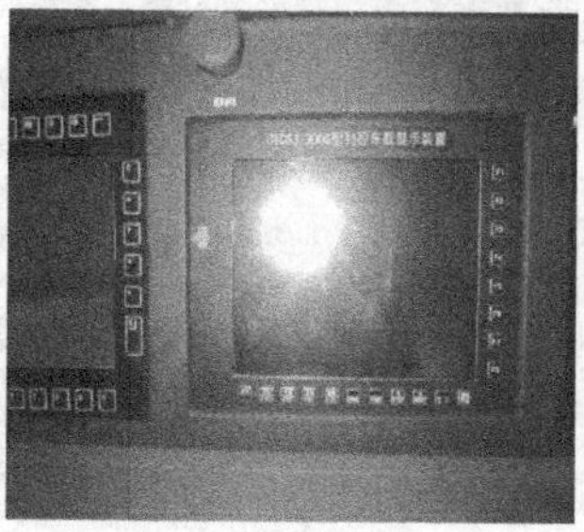 紧急制动开关 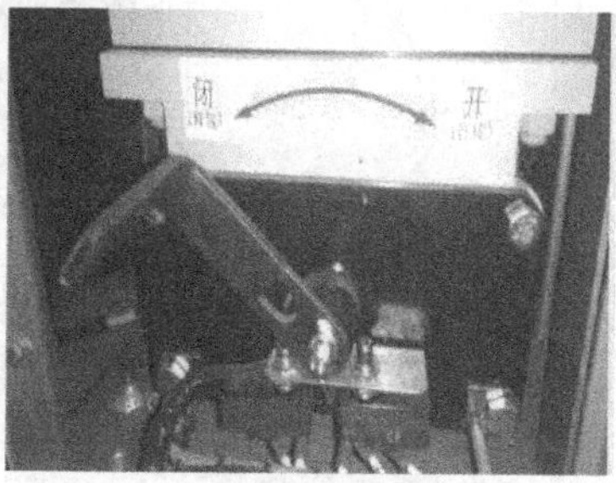　空气管开闭器

序号	检查项目	作业质量标准
6	司机室电压表、风压表(01、00 车)	(1)检查仪表有无灰尘、划痕。 (2)检查控制电压表、BP 压力表、双针压力表示数是否在有效量程内。  风压、电压表
7	司机室前舱(01、00 车)	(1)司机室前舱气密门开关及锁闭功能正常,密封胶条无破损、老化现象。 (2)检查司机室前舱,暖风机、刮雨器驱动装置、司机室空调室内机、车内压力释放阀等外观安装状态良好,舱内无漏水。 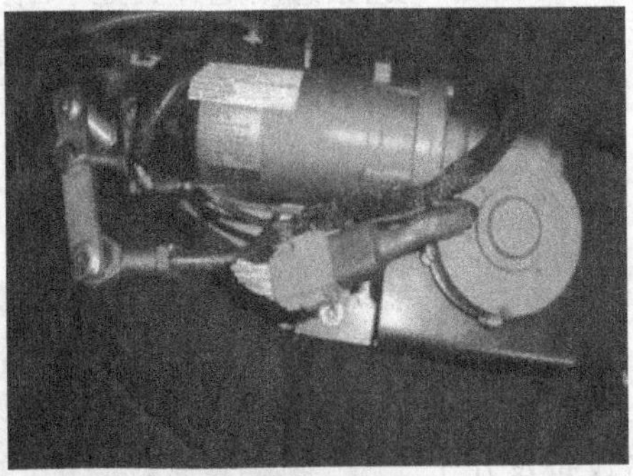 刮雨器驱动装置   暖风机　司机室空调室内机

裁　切　线

序号	检查项目	作业质量标准
8	司机室配电盘转换开关盘（01、00车）	(1)检查柜内设备外观表面整洁，铭牌齐全，字体清晰，紧固件无松动。 (2)检查电缆无破皮、磨损、划痕等损坏，电缆线号无脱落，线号清晰，尼龙扎带、活用护线套等无损坏，电缆捆扎牢固。 (3)检查接线端子压痕良好，电缆芯线无断股、损伤。 (4)检查柜内连接器、接线端子排状态良好，无松动。 (5)检查司机室配电盘1、2、3断路器状态正常，常OFF断路器处于断开状态。司机室配电盘1下部的重联手动控制盘开关外罩无破损，开关拨动正常。 (6)检查司机室转换开关盘1、2各开关处于正确位置。 (7)检查接地开关盘各接地开关状态正常，刀闸开关处于闭合状态。 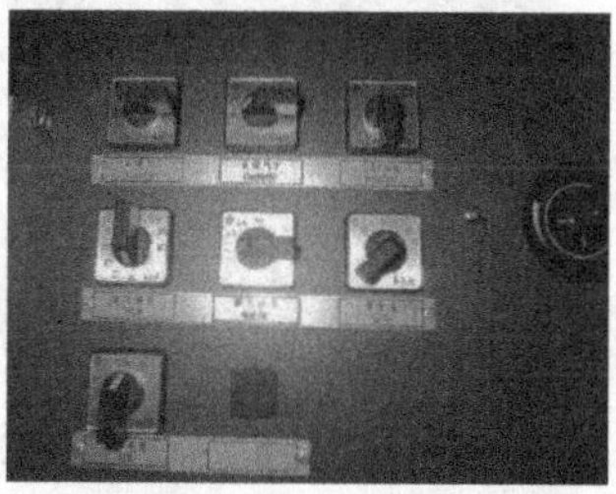 转换开关盘1(CRH0207) 　转换开关盘1(第二列起) 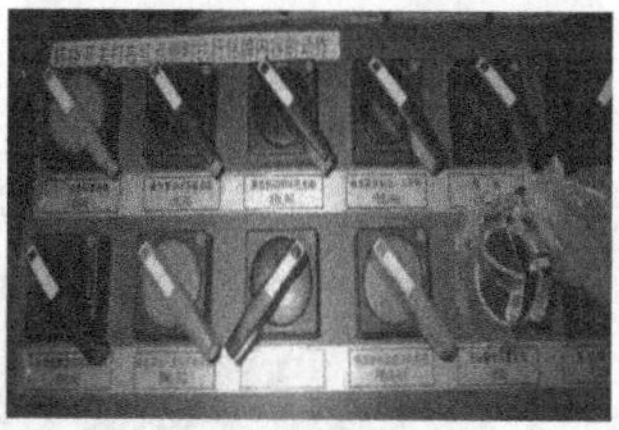 转换开关盘2 　司机室空调开关盘(第二列起) 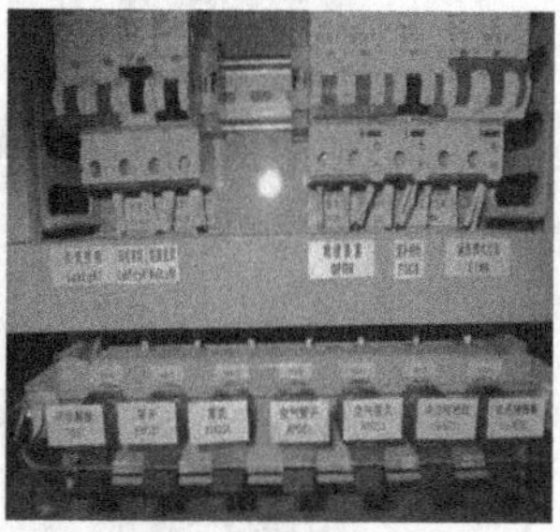 司机室配电盘1 　司机室配电盘2

序号	检查项目	作业质量标准
8	司机室配电盘转换开关盘 (01、00 车)	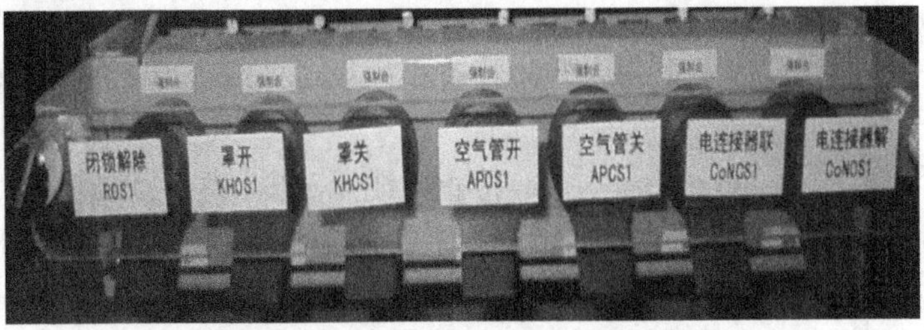 重联手动控制盘(司机室配电盘 1 下部)   司机室配电盘 3　　接地开关盘
9	总配电盘 (01、00 车)	(1)柜内洁净,无异物,无积水,隔热层良好,无破损。 (2)电气设备外观无破损,紧固件无松动。 (3)电缆无磨损,无抗磨,各线号清晰,配线正确、状态良好。 (4)连接器插接牢靠无松动,各接线端子及接点无损坏、变色,插接或者拉拔式电子元器件接触良好、无松动。 (5)电路板插接牢靠无松动。 (6)各标志牌显示正确,字体清晰,说明书粘贴牢固。  总配电柜

序号	检查项目	作业质量标准
10	ATP 机柜 (01、00 车)	(1)查看配电盘外观表面是否有灰尘,配电盘铭牌是否齐全,字体是否清晰。 (2)检查电缆有无破皮、磨损、划痕等损坏,尼龙扎带、活用护线套等是否损坏,电缆捆扎是否牢固。 (3)检查接线端子压痕是否良好,电缆芯线有无断股、损伤。 (4)检查确认每一根电缆线号有无脱落、变色现象,线号是否清晰。  ATP 机柜
11	控制柜(全列)	(1)柜内洁净,无异物,无积水,隔热层良好,无破损。 (2)电气设备外观无破损,紧固件无松动。 (3)电缆无磨损,无抗磨,各线号清晰,配线正确、状态良好。 (4)连接器插接牢靠无松动,各接线端子及接点无损坏、变色,插接或者拉拔式电子元器件接触良好、无松动。 (5)电路板插接牢靠无松动。 (6)各标志牌显示正确,字体清晰,说明书粘贴牢固。 (7)断路器处于闭合状态。 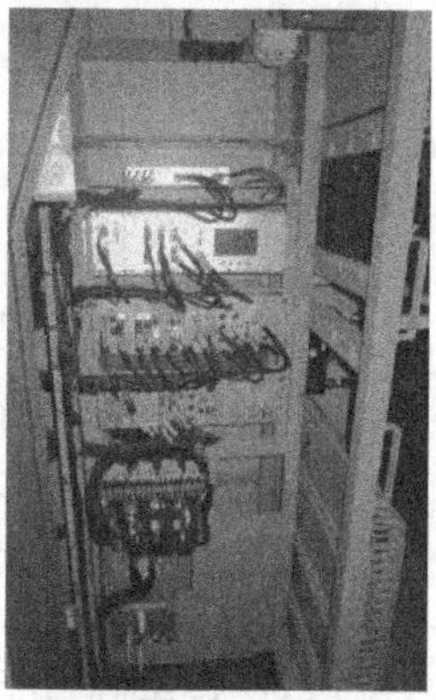 控制柜

序号	检查项目	作业质量标准
12	直流柜(全列)	(1)柜内洁净,无异物,无积水,隔热层良好,无破损。 (2)电气设备外观无破损,紧固件无松动。 (3)电缆无磨损,无抗磨,各线号清晰,配线正确、状态良好。 (4)连接器插接牢靠无松动,各接线端子及接点无损坏、变色,插接或者拉拔式电子元器件接触良好、无松动。 (5)电路板插接牢靠无松动。 (6)蓄电池电压表外壳无破损,显示电压正常。 (7)带有常 OFF 标签的断路器处于断开状态,其他断路器处于闭合状态。 (8)隔离开关处于左侧正常位置。 (9)各标志牌显示正确,字体清晰,说明书粘贴牢固。  直流柜
13	交流柜(包含空调柜)(全列)	(1)柜内洁净,无异物,无积水,隔热层良好,无破损。 (2)电气设备外观无破损,紧固件无松动。 (3)电缆无磨损、无抗磨,各线号清晰,配线正确、状态良好。 (4)连接器插接牢靠无松动,各接线端子及接点无损坏、变色,插接或者拉拔式电子元器件接触良好、无松动。 (5)各标志牌显示正确,字体清晰,说明书粘贴牢固。

序号	检查项目	作业质量标准
13	交流柜(包含空调柜)(全列)	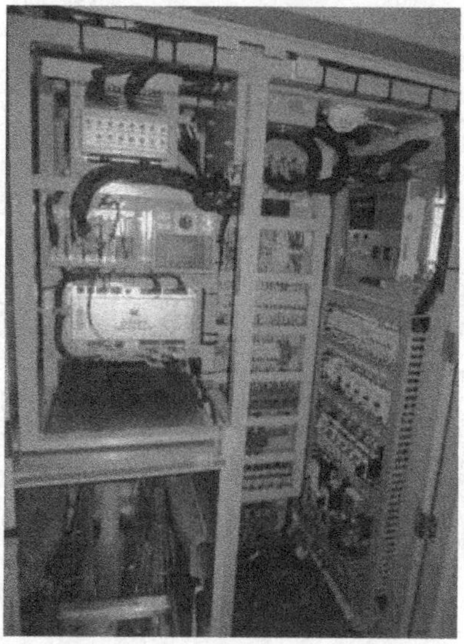 交流柜
14	温水污物配电盘(01、00 车)	(1)查看配电盘外观表面是否有灰尘,配电盘铭牌是否齐全,字体是否清晰。 (2)检查电缆有无破皮、磨损、划痕等损坏,尼龙扎带、活用护线套等是否损坏,电缆捆扎是否牢固。 (3)检查接线端子压痕是否良好,电缆芯线有无断股、损伤。 (4)检查确认每一根电缆的线号有无脱落、变色现象,线号是否清晰。  头尾车温水污物配电盘
15	司机室车窗(01、00 车)	司机室前窗玻璃、司机室逃生窗玻璃无破损。前窗玻璃内侧防飞溅膜无破损或卷边。
工具	手电筒、对讲机。	

二、计划与决策

<table>
<tr><td>班级</td><td></td><td>组别</td><td></td></tr>
<tr><td>小组成员</td><td colspan="3"></td></tr>
<tr><td>记录</td><td></td><td>时间</td><td></td></tr>
<tr><td>项目计划</td><td colspan="3">(1)人员分工计划

(2)完成任务计划
要点：请根据步骤数量画上横格线，并填写内容。</td></tr>
<tr><td>教师指导意见</td><td colspan="3">教师签名：　　　　日期：</td></tr>
</table>

(1)人员分工计划

序号	姓名	职责	备注
		2 人假设故障(10 处)	
		1 人检查并记录	
		1 人根据记录进行核验	
		1 人根据评分标准打分	

(2)完成任务计划

序号	步骤名称	工作要点

裁　切　线

<table>
<tr><td rowspan="4">小组决策</td><td>决策意见：</td></tr>
<tr><td>作业流程：</td></tr>
<tr><td>所需工具：</td></tr>
<tr><td>注意事项：</td></tr>
</table>

三、项目实施

<table>
<tr><td>班级</td><td></td><td>组别</td><td></td></tr>
<tr><td>小组成员</td><td colspan="3"></td></tr>
<tr><td>记录</td><td></td><td>时间</td><td></td></tr>
<tr><td rowspan="4">实施(任务完成)</td><td colspan="3">(1)讨论 10 处假设故障，包括类型及个数。</td></tr>
<tr><td colspan="3">(2)根据检查标准查找故障并记录。</td></tr>
<tr><td colspan="3">(3)根据记录对假设故障进行检测。</td></tr>
<tr><td colspan="3">(4)根据检查评分标准进行打分。</td></tr>
<tr><td>变更计划记录</td><td colspan="3">在实施过程中，如果执行计划有变更，请做记录，并说明理由。</td></tr>
</table>

教师指导意见	教师签名：　　　　日期：

【任务评价】

以团队小组为单位完成任务，以学生个人为单位实行考核。

姓名	假设故障选择			检查及记录			故障核验			得分
	自评	互评	教师评	自评	互评	教师评	自评	互评	教师评	

说明：

1. 每个人的总分为100分，采用多主体评价。

2. 每个主体进行评价的评价标准为：正确假设故障（20分）、故障检查并记录（50分）、故障核验（20分）、语言流畅、思路清晰（10分）。

3. 建议权重计为：自评分占0.2，互评分占0.3，教师评分占0.5，然后加权算出每位同学在本项目中的综合成绩。

课程名称	列车构造认知与检查	学习情境	CR400AF 型动车组车下地沟检查作业
班级		姓名	

学习情境五　CR400AF 型动车组车下地沟检查作业

【学习情境描述】

CR400AF 型动车组每次累计运行 6 000 km 或 48 h 就需进行一次一级检修，一级检修是对运用动车组的车顶、车下、车体两侧、车内和司机室等部位实施快速例行检查、试验和故障处理的检修作业，车下地沟检查是其中很重要的一个环节，对保障动车组的安全运行至关重要。

【学习目标】

1. 知识目标

(1)能说出动车组车下各部件的名称。

(2)知道动车组车下各部件的基本结构。

2. 能力目标

(1)能正确地对动车组车下进行检查，包括：天线、制动装置、驱动装置、牵引装置、转向架构架、轮轴、踏面清扫装置、抗侧滚扭杆装置、防滑阀、外风挡、车下设备舱、制动缓解指示器、撒砂装置等。

(2)能在车下检查过程中发现故障。

3. 素质目标

(1)培养良好的合作意识、语言表达能力和与人沟通的能力。

(2)培养认真踏实、动手检查能力、形象思维能力。

(3)养成良好的安全与自我保护能力。

【任务书】

本任务是动车组机械师的工作岗位职责要求，动车组的一级检修对保障动车组的安全运行至关重要，车下检查是其中很重要的一个环节，也是动车组机械师必备的一项技能。

(1)掌握动车组检查的基本知识。

(2)对动车组车下进行检查，包括：天线、制动装置、驱动装置、牵引装置、转向架构架、轮轴、踏面清扫装置、抗侧滚扭杆装置、防滑阀、外风挡、车下设备舱、制动缓解指示器、撒砂装置等，并在检查过程中发现故障。

<table>
<tr><td colspan="3">【任务分组】</td></tr>
<tr><td colspan="2">小组成员</td><td rowspan="2">任务分工</td></tr>
<tr><td>姓名</td><td>学号</td></tr>
<tr><td></td><td></td><td></td></tr>
<tr><td></td><td></td><td></td></tr>
<tr><td></td><td></td><td></td></tr>
</table>

【引导问题】

1. CR400AF 型动车组车下有哪些设备?

2. CR400AF 型动车组与之前型号动车组相比车下设备有什么变化?

【任务实施】

一、作业程序

<table>
<tr><td>序号</td><td>检查项目</td><td>作业质量标准</td></tr>
<tr><td>1</td><td>天线安装
(01、00 车)</td><td>车下 TCR 天线、BTM 天线外观及安装状态良好。安装牢固,距轨面高度限度符合要求
<table><tr><td>BTM 天线距轨面高度</td><td>(230±5) mm</td></tr><tr><td>TCR 天线保护套下表面距轨面高度</td><td>(205±5) mm</td></tr></table>
BTM 天线　　TCR 天线</td></tr>
</table>

裁　切　线

序号	检查项目	作业质量标准
2	制动装置(全列)	(1)紧固件无松动,防松标记无错位,各部件无裂纹。 (2)制动夹钳外观良好,管路无泄漏。 (3)闸片外观状态良好,无大面积掉块现象,厚度符合限度要求。 (4)空气管路和车端总风软管,防滑阀与转向架相连接的制动软管无损伤、漏泄;橡胶空气软管无老化、鼓泡、漏气;橡胶空气软管与其他部件无磨抗现象。转向架制动软管接头组合防松铁丝有无断裂、接头组合与夹钳连接处密封腻子有无鼓包现象,接头组合有无伤痕及变形、腐蚀等异常,金属编织网是否有损伤、腐蚀,如有需要更换制动软管。 (5)制动盘外观状态良好,厚度符合规定,摩擦面裂纹不过限,无贯穿裂纹;制动盘安装螺栓无松动,防松标记无错位,制动盘偏磨、凹形磨耗不过限。  基础制动装置 　　手制动缓解装置 (6)制动夹钳手动缓解装置(01、03、06、00 号车)安装状态良好,紧固件无松动,缓解拉线无破损。
3	驱动装置 (02、04、05、07 车)	(1)齿轮箱箱体无明显击伤、碰伤或其他缺陷;油位观察窗无裂纹;齿轮箱油量符合限度要求,无漏油;齿轮箱密封处、通气装置处无渗油;润滑油无乳化、变色等异常现象;悬吊部件配件齐全,安装牢固;橡胶垫无老化,裂纹长度、深度不超限;齿轮箱温度传感器、呼吸器、注油孔盖、排油堵等安装紧固。 注:油位观察窗不得使用有机溶剂(或稀释剂)清理,以避免观察窗产生裂纹,清理时可用干净的布蘸清水(或中性清洗剂)擦拭。 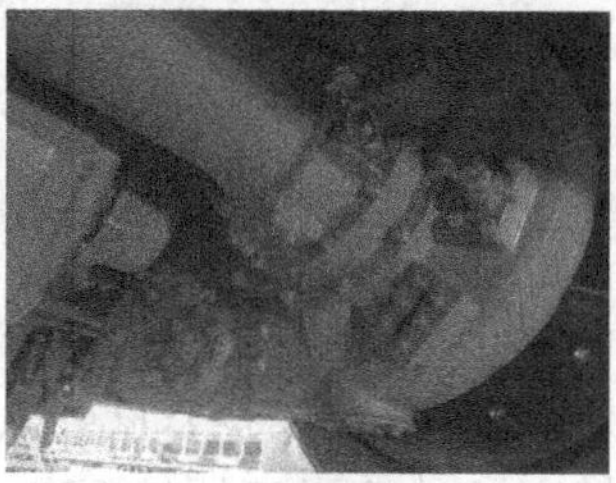 齿轮箱 　　联轴节

序号	检查项目	作业质量标准
3	驱动装置 (02、04、05、07 车)	(2)齿轮箱小轴承挡油环或轴身处无异常磨损。 ①东洋齿轮箱:正常状态下挡油环端面与 PM 盖端面平行,为面漆状态,当发生异常磨损时,挡油环随小轴一起发生倾斜,挡油环端面与 PM 盖端面不再平行,挡油环处存在金属磨损产生的发亮光泽。 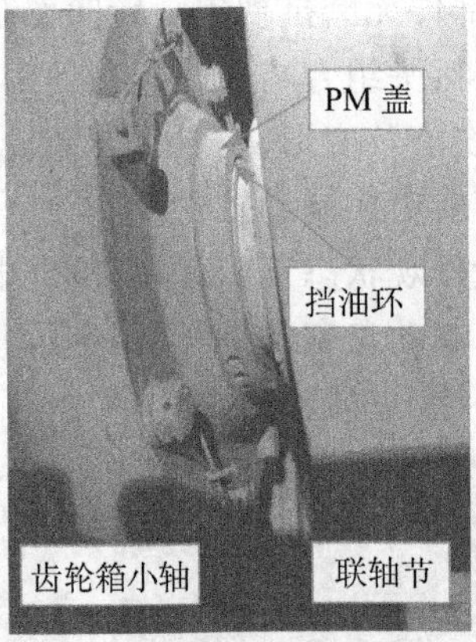 正常状态下的小齿轮轴 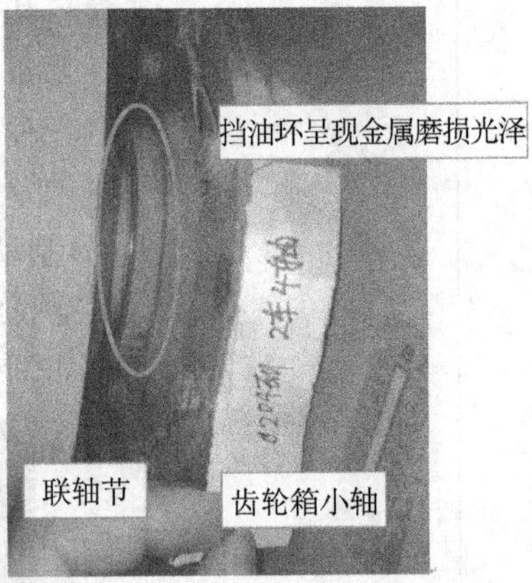　　挡油环异常磨损的小齿轮轴 ②戚所齿轮箱:齿轮箱无挡油环,PM 盖下为小轴,正常状态下小轴裸露部分涂抹面漆,为面漆状态,当发生异常磨损时,小轴发生倾斜,小轴与 PM 盖发生摩擦,小轴裸露部分(右图黑线附近)会呈现金属磨损产生的发亮光泽。  正常状态下的小齿轮轴 　　产生金属发亮光泽的部位 (3)联轴节外观及安装状态良好。 ①检查轴毂与外筒张口处是否有沙粒或污垢堆积物。 ②检查螺栓是否松动,检查是否漏油。

序号	检查项目	作业质量标准
3	驱动装置 (02、04、05、07 车)	③注油堵无渗油，若有渗油须更换注油堵密封垫，按规定扭矩重新紧固，并沿轴向移动联轴节无卡滞。 (4)牵引电机外观良好，电机电源线、温度和速度传感器及配线无破损，电源连接器状态良好、无松动，设备安装螺栓防松标记清晰无错位、牵引电机外壳及安装部无裂纹，电机注油孔堵安装良好。 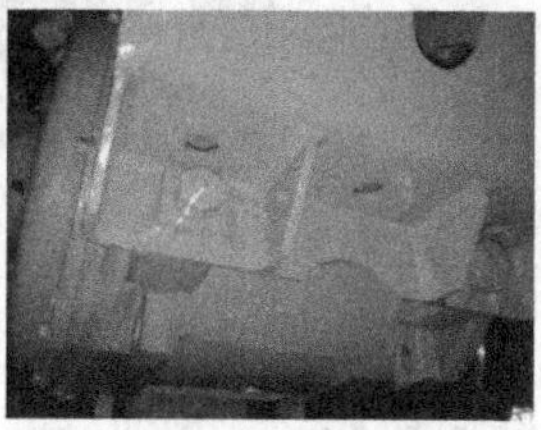 牵引电机(安装部) 　伸缩管 (5)伸缩管无破损、扭曲，无明显偏向一侧的变形，安装牢固。 (6)接地装置和碳刷外观及安装状态良好，接地线无松动、断裂。检查碳刷磨耗，电刷长度符合限度要求。 (7)齿轮箱及电机温度传感器安装无松动，线缆固定无松动，线夹无损伤，线缆外观无损伤、老化现象，车上连接器安装牢固。  齿轮箱接地装置 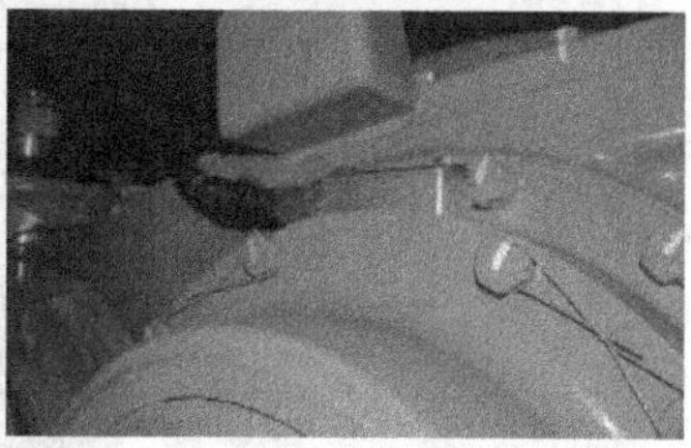　齿轮箱温度检测器
4	牵引装置(全列)	(1)外观及安装状态良好。 (2)中心销以及构架安装座无裂纹。 (3)牵引杆橡橡胶节点无明显破损、龟裂、老化现象，有下列情况者须更换： ①橡胶表面开裂长度 15 mm 以上或深度 5 mm 以上。 ②在金属件端末部的剥离长度 15 mm 以上。 (4)横向止挡无明显破损、龟裂、老化现象；中心销与横向止挡左右间隙不得存在明显差距，间隙值须满足限度值要求。

序号	检查项目	作业质量标准
4	牵引装置(全列)	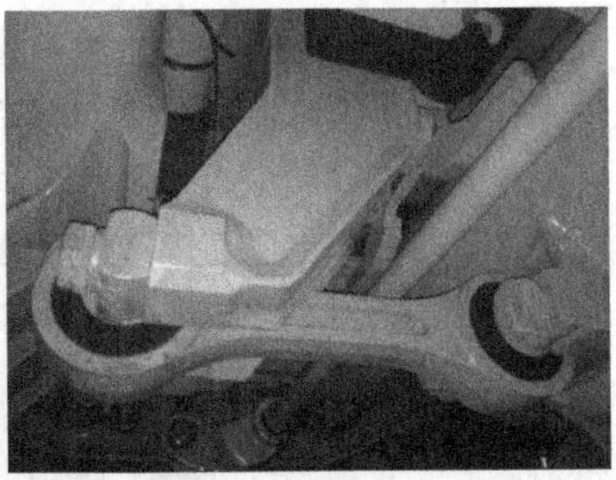 牵引装置
5	转向架构架 (全列)	(1)转向架构架无裂纹。 (2)转向架排障器安装牢固(Tc01、Tc08 车),安装臂无裂损、变形,外观状态良好,橡胶板无破损或变形,下部距轨面距离符合限度要求。 (3)构架上安装的管路无破损,管夹无损伤,紧固螺栓无松脱;构架上安装的线缆无破损、老化,线夹无损伤,紧固螺栓无松脱。 (4)差压阀无漏风,安装牢固。 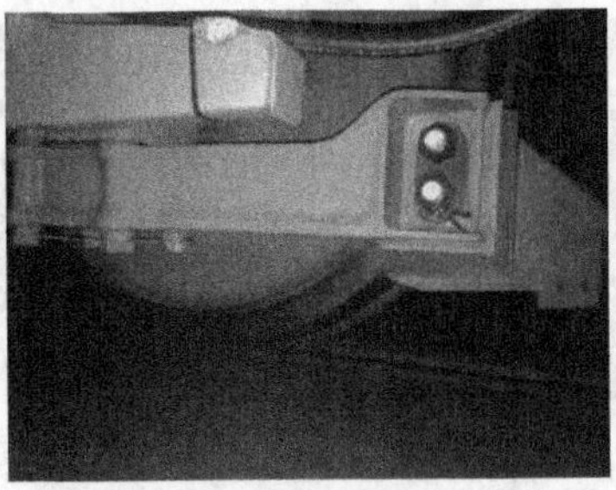 转向架排障装置 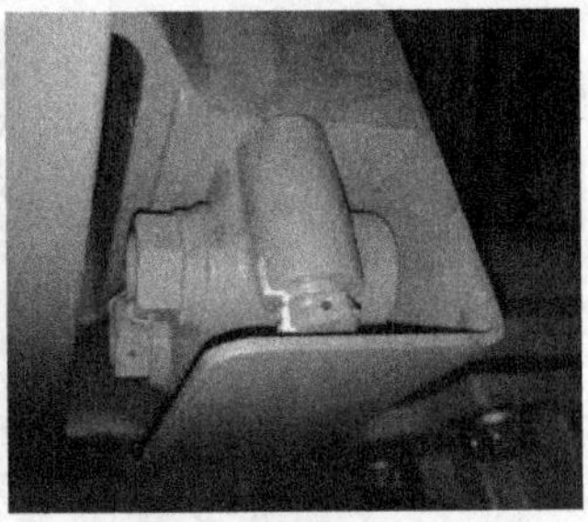　　差压阀 (5)横向油压减振器外观状态良好,无漏油,安装牢固。减振器座无裂纹。 (6)转向架各组件无附挂异物。
6	轮轴(全列)	(1)轮轴外观状态良好,各部无裂纹;轴身击打痕、擦伤深度符合限度要求;轴身防腐涂层无损伤。 (2)轮对轴箱下部及内侧面装置外观状态良好,无明显机械损伤,下箱体安装螺栓无松动,止转垫片无损伤。

序号	检查项目	作业质量标准
7	踏面清扫装置（全列）	(1)踏面清扫装置外观良好，空气管路无漏泄，安装无松动。 (2)研磨子剩余厚度不超限。 (3)踏面清扫器研磨子与车轮踏面间隙满足15～23 mm。  踏面清扫装置
8	抗侧滚扭杆装置（全列）	(1)各个部件的安装状态以及各紧固件的紧固状态良好。 (2)扭杆杆体、扭转臂以及垂向连杆杆体不许有裂纹、凹陷等异常。 (3)缓冲橡胶和杆端轴承橡胶裂纹开裂程度不得超限。  抗侧滚扭杆装置
9	防滑阀（全列）	(1)防滑排风阀安装牢固，接线无松动、破损。 (2)防滑排风阀电线与防滑阀体连接正确，固定牢固。   北京纵横防滑排风阀　南京海泰防滑排风阀

序号	检查项目	作业质量标准
10	外风挡(全列)	(1)外风挡下部无损伤，胶囊无破损、撕裂及异常磨耗。 (2)角部外风挡安装良好、紧固件无松动、安装位置无明显错位。  外风挡下部 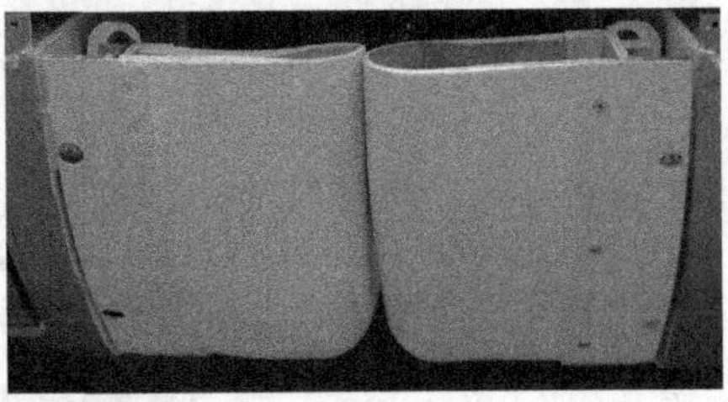 角部外风挡
11	车下设备舱(全列)	(1)外部无异物击打痕迹，油漆无损伤。 (2)端部骨架、转向架处裙板、底板、端板、防护板外观状态良好，无变形、缺损、裂纹、腐蚀；安装螺栓外观状态良好，安装紧固、无缺失，防松标记清晰无错位。 (3)底板下表面光滑、平顺，向上按压无振颤、明显翘曲；底部外漏安装螺栓(包括设备)防松铁丝无松动、缺失；底板胶条状态良好。 (4)牵引变流器底板出风口格栅无脏堵。  设备舱底板 　牵引变流器底板

序号	检查项目	作业质量标准
11	车下设备舱(全列)	 车头端部玻璃钢盖板 　车头底部玻璃钢盖板  端部托架及端板 　转向架上方防护板 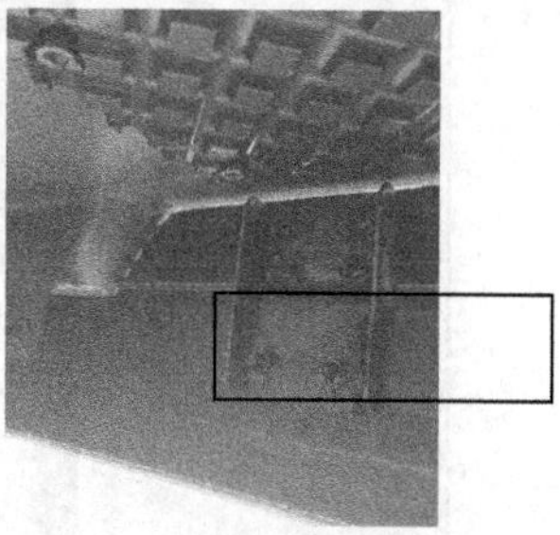 转向架处裙板 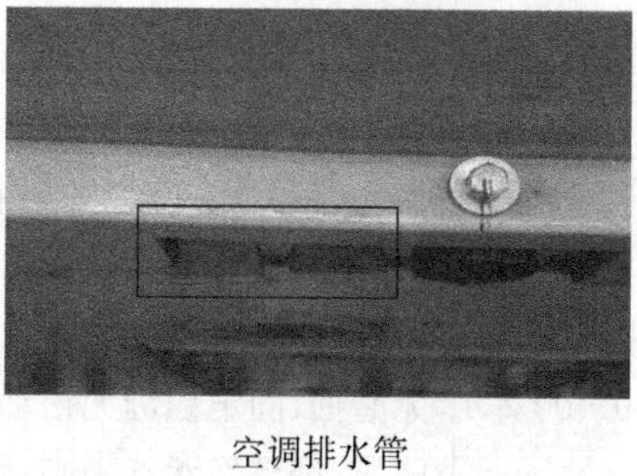 空调排水管 (5)空调排水管末端鸭嘴水封无破损和脏堵(空调机组端一位侧和二位侧各 2 个鸭嘴水封),鸭嘴水封位于裙板与底板交接处。

序号	检查项目	作业质量标准
12	制动缓解指示器 （全列）	进行外观、管路接口检查，并检查紧固件有无松动，显示功能是否正常。 (1)紧固件无松动。 (2)检查窗口的有机玻璃是否存在裂纹和破碎。 (3)指示器显示正常。 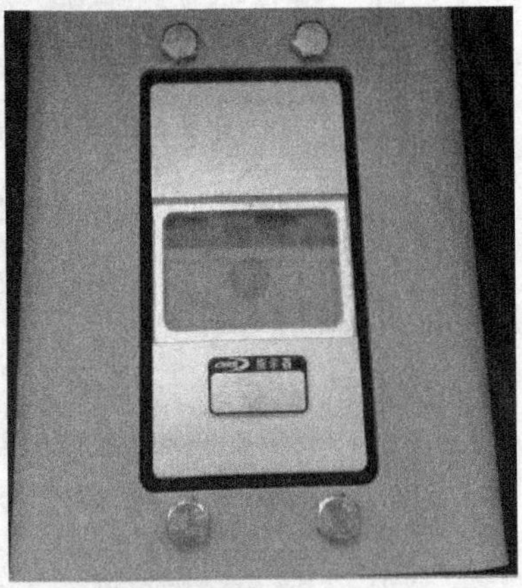 单窗缓解显示器(02、04、05、07)  双窗缓解显示器(01、03、06、00)
13	撒砂装置 (01、02、07、00 车)	(1)检查砂箱砂位，低于撒砂线(红色标识线)时需补砂。 (2)撒砂装置无明显机械损伤，各零部件齐全、安装牢固无松动。 (3)撒砂软管、加热器线缆两端固定牢固，软管无抗磨，软管吊链无磨损，固定螺母无松动。 (4)各部螺栓安装牢固，防松标记不错位。 (5)撒砂装置喷嘴距轨面高度符合限度要求。

序号	检查项目	作业质量标准
13	撒砂装置 (01、02、07、00 车)	 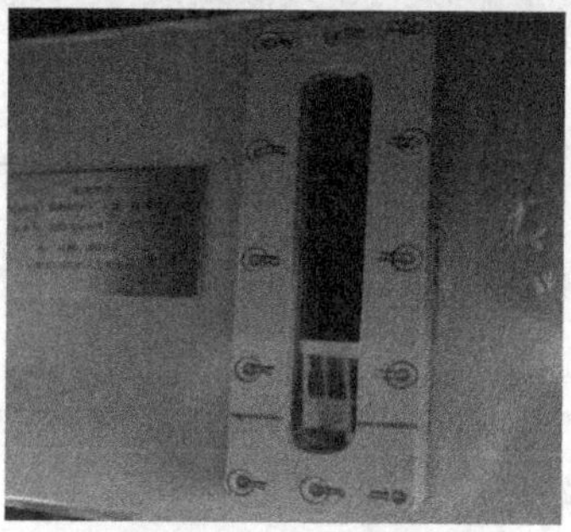 砂箱砂位显示窗   撒砂软管和加热器线缆
工具	手电筒、检点锤、对讲机、钢板尺、棉布。	

二、计划与决策

<table>
<tr><td>班级</td><td></td><td>组别</td><td></td></tr>
<tr><td>小组成员</td><td colspan="3"></td></tr>
<tr><td>记录</td><td></td><td>时间</td><td></td></tr>
<tr><td rowspan="2">项目计划</td><td colspan="3">(1)人员分工计划</td></tr>
<tr><td colspan="3">(2)完成任务计划
要点:请根据步骤数量画上横格线,并填写内容。</td></tr>
<tr><td>教师指导意见</td><td colspan="3">教师签名:　　　　日期:</td></tr>
</table>

(1)人员分工计划

序号	姓名	职责	备注
		2 人假设故障(10 处)	
		1 人检查并记录	
		1 人根据记录进行核验	
		1 人根据评分标准打分	

(2)完成任务计划

序号	步骤名称	工作要点

裁切线

小组决策	决策意见：
	作业流程：
	所需工具：
	注意事项：

三、项目实施

班级		组别	
小组成员			
记录		时间	
实施(任务完成)	(1)讨论 10 处假设故障,包括类型及个数。		
	(2)根据检查标准查找故障并记录。		
	(3)根据记录对假设故障进行检测。		
	(4)根据检查评分标准进行打分。		
变更计划记录	在实施过程中,如果执行计划有变更,请做记录,并说明理由。		

教师指导意见	教师签名：　　　　日期：

【任务评价】

以团队小组为单位完成任务，以学生个人为单位实行考核。

姓名	假设故障选择			检查及记录			故障核验			得分
	自评	互评	教师评	自评	互评	教师评	自评	互评	教师评	

说明：

1. 每个人的总分为100分，采用多主体评价。

2. 每个主体进行评价的评价标准为：正确假设故障(20分)、故障检查并记录(50分)、故障核验(20分)、语言流畅、思路清晰(10分)。

3. 建议权重计为：自评分占0.2，互评分占0.3，教师评分占0.5，然后加权算出每位同学在本项目中的综合成绩。

裁切线

裁　切　线

课程名称	列车构造认知与检查	学习情境	CR400AF 型动车组车内设施检查作业
班级		姓名	

学习情境六　CR400AF 型动车组车内设施检查作业

【学习情境描述】

CR400AF 型动车组每次累计运行 6 000 km 或 48 h 就需进行一次一级检修，一级检修是对运用动车组的车顶、车下、车体两侧、车内和司机室等部位实施快速例行检查、试验和故障处理的检修作业，车内检查是其中很重要的一个环节，对保障动车组的安全运行至关重要。

【学习目标】

1. 知识目标

(1)能说出动车组车内各部件的名称。

(2)知道动车组车内各部件的基本结构。

2. 能力目标

(1)能正确地对动车组车内进行检查，包括：车内各门、客室设施、客室空调、照明灯具、配电柜、盥洗室、卫生间、电茶炉、餐饮区、餐车设备、服务台、乘务员室、机械师室、客室座椅、灭火器、紧急破窗锤、自动过分相装置、内风挡等。

(2)能在车内检查过程中发现故障。

3. 素质目标

(1)培养良好的合作意识、语言表达能力和与人沟通的能力。

(2)培养认真踏实、动手检查能力、形象思维能力。

(3)养成良好的安全与自我保护能力。

【任务书】

本任务是动车组机械师的工作岗位职责要求，动车组的一级检修对保障动车组的安全运行至关重要，车内检查是其中很重要的一个环节，也是动车组机械师必备的一项技能。

(1)掌握动车组检查的基本知识。

(2)对动车组车内进行检查，包括：车内各门、客室设施、客室空调、照明灯具、配电柜、盥洗室、卫生间、电茶炉、餐饮区、餐车设备、服务台、乘务员室、机械师室、客室座椅、灭火器、紧急破窗锤、自动过分相装置、内风挡等，并在检查过程中发现故障。

【任务分组】

小组成员		任务分工
姓名	学号	

【引导问题】

1. CR400AF 型动车组车内有哪些设备？

2. CR400AF 型动车组与之前型号动车组相比车内设备有什么变化？

【任务实施】

一、作业程序

序号	检查项目	作业质量标准
1	车内各门(全列)	(1)内端拉门外观状态良好、感应灵敏、动作正常、玻璃无破损。 (2)厕所门、乘务员室门、机械师室门、司机室门、厨房门等手动门开关流畅,表面无破损。 (3)外端门开关动作正常,玻璃无破损,门前胶条、防火胶条无脱落。 (4)塞拉门外观状态良好、门板玻璃无破损。 (5)塞拉门车内操作装置外观状态良好,紧急按钮保护罩无损坏。 (6)打开塞拉门,门扇内侧周圈密封胶条无扭曲变形、破损,车内保护胶条无损坏、脱落。

序号	检查项目	作业质量标准
1	车内各门(全列)	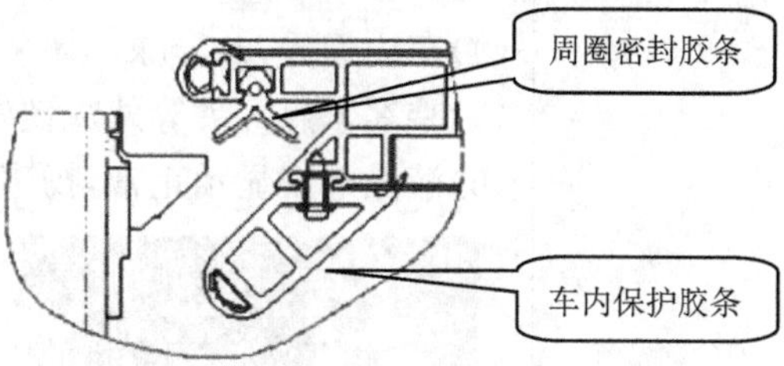 周圈密封胶条 车内保护胶条 门扇胶条 (7)塞拉门门扇(开门状态)与车体无异常接触和磨碰。  自动内端拉门 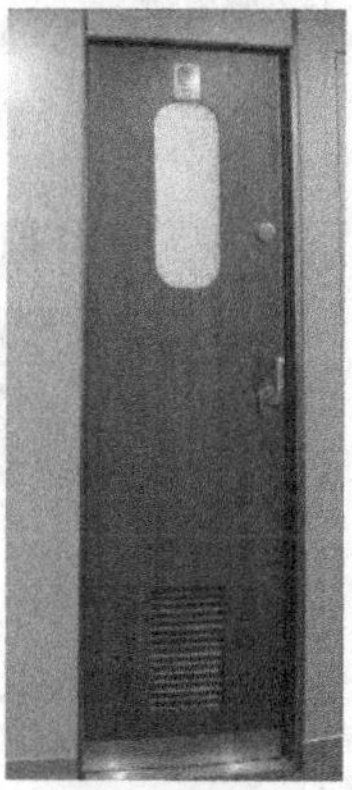　手动拉门 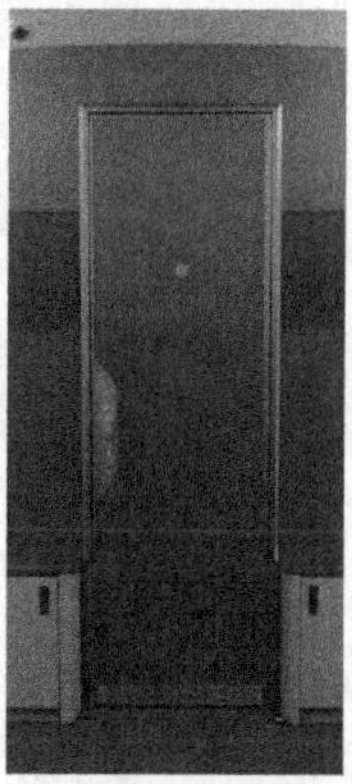　司机室门  外端拉门 　塞拉门 　塞拉门车内操作装置 (8)耳听检查塞拉门气缸、空气管无漏气声音。
2	客室设施(全列)	(1)地板、顶板、墙板、座椅、窗帘、行李架、观光区边柜外观良好。 (2)司机室遮阳帘动作状态、窗帘动作状态、间壁柜门开关状态及外观状态良好。 (3)座号牌、衣帽钩、端部小桌、外观及安装状态良好。

序号	检查项目	作业质量标准
2	客室设施(全列)	(4)车内无异音、异味。 (5)乘客紧急开关等外观良好。 (6)液晶电视显示正常,扬声器声音清晰。 吊顶电视　间壁电视 (7)车内信息显示器显示正常。  车内信息显示器 (8)乘客紧急报警器运行灯正常工作。  乘客紧急报警器 (9)检查火灾报警控制器,确认烟火报警系统工作状态正常。  火灾报警控制器

裁切线

序号	检查项目	作业质量标准
2	客室设施(全列)	(10)确认无线上网系统认证正常,可有效接入网络。 (11)各客室侧窗玻璃无裂纹、破损。
3	客室空调(全列)	(1)室内空调工作正常。 (2)通电运转(在 TCMS 上开启全列车空调装置),部件启动正常,运转正常,在车内空调机组下方听无异音。 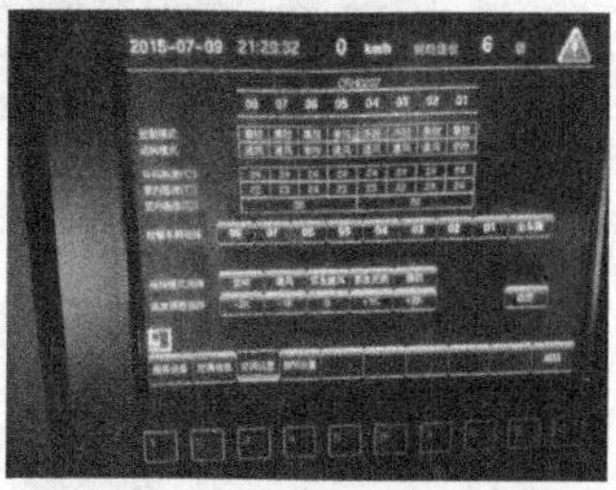 开启全车空调(在司机室 TCMS 点击全车厢—自动—设定)
4	照明灯具(全列)	各灯灯罩外观及安装状态良好,灯色一致,无熄灯。灯罩外露部分无脏污。  客室灯具
5	配电柜(全列)	配电柜柜体无变形、破损,柜门锁闭状态良好。
6	盥洗室(01、02、03、04、06、07、00 车)	检查门内管路固定无松脱、各管路无泄漏。  盥洗室

序号	检查项目	作业质量标准
7	卫生间(01、02、03、04、06、07、00车)	检查门内管路无泄漏，接水盘内无积水；气、水管路固定牢固无松脱，检查门锁闭状态良好。 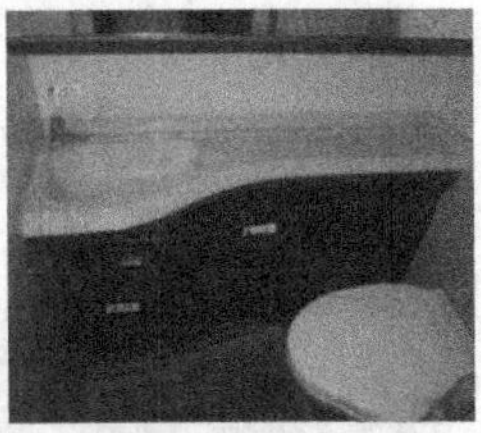 头尾车坐便卫生间 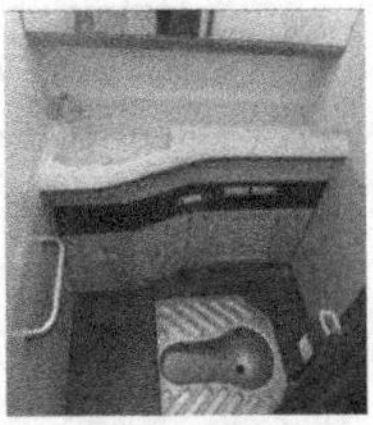　蹲便卫生间 　中间车坐便卫生间   无障碍卫生间
8	电茶炉(01、02、03、04、06、07、00车)	设备安装牢固，指示灯显示正常，无漏水，接水面板无脏堵，按压水阀出水正常。  接水面板 　电茶炉
9	餐饮区、餐车设备(05车)	(1)柜子各拉门外观状态良好(无破损)、锁闭良好。 (2)开水炉、冷藏柜、展示柜、保温柜、消毒柜、售货小车等外观状态良好(无破损)，厨房电开水炉指示灯显示正常，无漏水，接水面板无脏堵，水龙头无损坏，提按操作出水正常；冷藏柜、展示柜、保温柜温控器显示正常，设备制冷(制热)功能正常；消毒柜内设备灯正常工作。

裁切线

序号	检查项目	作业质量标准
9	餐饮区、餐车设备(05 车)	(3)清洗池清洁、无脏堵。 (4)扶手无破损、松动,吧台无破损。  厨房设备 　　餐车吧台及扶手
10	服务台(01、00 车)	(1)服务台台面、PC 装饰板、插座等设备齐全,台面、墙面干净整洁。 (2)服务台各柜门动作灵活,锁闭良好。 (3)确认服务呼叫显示屏显示正常。  服务台 　　服务呼叫显示屏
11	乘务员室(05 车)	(1)检查旅客信息系统操作屏外观状态良好无损坏,确认屏幕显示及操作正常。 (2)检查娱乐系统操作屏外观状态良好无损坏,确认屏幕显示及操作正常。 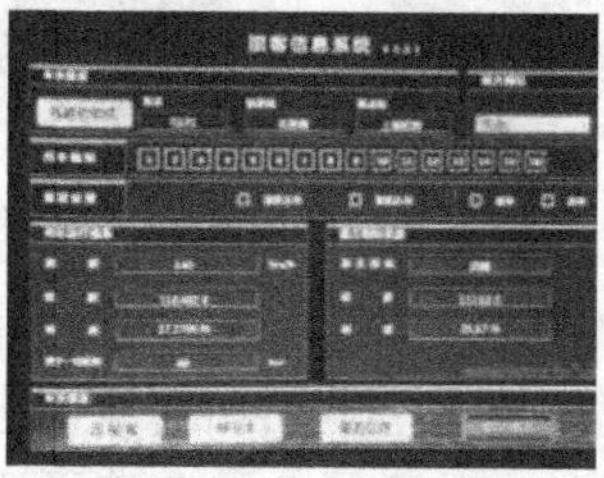 旅客信息系统操作屏 　　娱乐系统操作屏 (3)检查联络电话装置安装良好,并通话试验确认效果。 (4)侧窗玻璃无破损,窗帘手动操作顺畅且任意位置可定位。

序号	检查项目	作业质量标准
11	乘务员室(05 车)	联络电话　侧窗 (5)办公桌、座席安装牢固，无破损；办公桌抽屉抽拉顺畅，抽屉关闭状态有限位(防甩出)。 办公桌　操作面板
12	机械师室(05 车)	(1)侧窗玻璃无破损，窗帘手动操作顺畅且任意位置可定位。 (2)办公桌、座席安装牢固，无破损；办公桌抽屉抽拉顺畅，抽屉关闭状态有限位(防甩出)。 侧窗　办公桌　操作面板 (3)HMI 显示屏、电能监控显示屏等设备齐全，状态良好。 (4)检查机械师室监控屏外观状态良好无损坏，确认屏幕显示及操作正常。观察受电弓监控画面正常。观察各车厢监控画面正常。 (5)检查联络电话装置安装良好，并通话试验确认效果。

序号	检查项目	作业质量标准
12	机械师室(05 车)	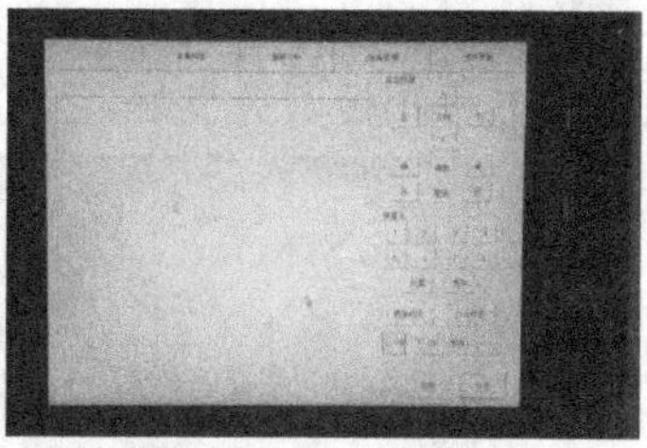  监控屏　联络电话
13	客室座椅	(1)客室一二等座椅检查座椅下插座盖已合上、网兜、小桌面板及衣帽钩无丢失,损坏;旋转定位、靠背调节功能正常。 (2) VIP 座椅外观良好,表面有无破损。座姿自动调节功能正常,座椅呼叫功能正常(头车服务台呼叫显示屏正常显示,且可关闭)。    客室一等座椅　客室二等座椅　VIP 座椅
14	灭火器、紧急破窗锤(全列)车辆备品(01、04、05、00 车)	(1)配置齐全,状态良好。 (2)检查司机室、客室端部及厨房灭火器规格数量齐全,位置正确,外观良好,安装座牢固;喷嘴(喷管)、压把、压力表、插销齐全良好;灭火器定检日期距下次检查不过期;灭火器指针指示在绿区合格区域。 (3)检查车辆工具柜内备品是否齐全。 备品包括(01、00 车):响墩、扬声器、应急灯、火炬、梯子;(04、05 车):侧门防护网紧急渡板。   紧急破窗锤　灭火器

序号	检查项目	作业质量标准
15	自动过分相装置（03、06 车）	(1)检查自动过分相装置安装良好、连接器无松动。 (2)受电弓阀板安装良好，空气管路无漏泄。 自动过分相装置　受电弓阀板
16	内风挡（全列）	(1)检查内风挡折棚有无破损、脱出框架现象。 (2)渡板和踏板上的防滑贴是否完好。 (3)检查风挡框与车体连接板之间无闪缝。 (4)检查翻板、渡板无异常磨损。 内风挡折棚　内风挡渡板和踏板
工具	手套、工作帽、手电筒、对讲机。	

二、计划与决策

班级		组别	
小组成员			
记录		时间	

项目计划

(1)人员分工计划

序号	姓名	职责	备注
		2 人假设故障(10 处)	
		1 人检查并记录	
		1 人根据记录进行核验	
		1 人根据评分标准打分	

裁 切 线

<table>
<tr><td>项目计划</td><td>(2)完成任务计划
要点:请根据步骤数量画上横格线,并填写内容
<table><tr><th>序号</th><th>步骤名称</th><th>工作要点</th></tr><tr><td></td><td></td><td></td></tr></table></td></tr>
<tr><td>教师指导意见</td><td>

教师签名:　　　　　日期:</td></tr>
<tr><td rowspan="4">小组决策</td><td>决策意见:</td></tr>
<tr><td>作业流程:</td></tr>
<tr><td>所需工具:</td></tr>
<tr><td>注意事项:</td></tr>
</table>

<table>
<tr><td colspan="4">三、项目实施</td></tr>
<tr><td>班级</td><td></td><td>组别</td><td></td></tr>
<tr><td>小组成员</td><td colspan="3"></td></tr>
<tr><td>记录</td><td></td><td>时间</td><td></td></tr>
<tr><td rowspan="4">实施(任务完成)</td><td colspan="3">(1)讨论 10 处假设故障,包括类型及个数。</td></tr>
<tr><td colspan="3">(2)根据检查标准查找故障并记录。</td></tr>
<tr><td colspan="3">(3)根据记录对假设故障进行检测。</td></tr>
<tr><td colspan="3">(4)根据检查评分标准进行打分。</td></tr>
<tr><td>变更计划记录</td><td colspan="3">在实施过程中,如果执行计划有变更,请做记录,并说明理由。</td></tr>
<tr><td>教师指导意见</td><td colspan="3">教师签名:　　　　日期:</td></tr>
</table>

裁切线

【任务评价】

以团队小组为单位完成任务，以学生个人为单位实行考核。

姓名	假设故障选择			检查及记录			故障核验			得分
	自评	互评	教师评	自评	互评	教师评	自评	互评	教师评	

说明：

1. 每个人的总分为100分，采用多主体评价。

2. 每个主体进行评价的评价标准为：正确假设故障(20分)、故障检查并记录(50分)、故障核验(20分)、语言流畅、思路清晰(10分)。

3. 建议权重计为：自评分占0.2，互评分占0.3，教师评分占0.5，然后加权算出每位同学在本项目中的综合成绩。

课程名称	列车构造认知与检查	学习情境	CR400AF 型动车组车体两侧检查作业
班级		姓名	

学习情境七　CR400AF 型动车组车体两侧检查作业

【学习情境描述】

CR400AF 型动车组每次累计运行 6 000 km 或 48 h 就需进行一次一级检修，一级检修是对运用动车组的车顶、车下、车体两侧、车内和司机室等部位实施快速例行检查、试验和故障处理的检修作业，车体两侧检查是其中很重要的一个环节，对保障动车组的安全运行至关重要。

【学习目标】

1. 知识目标

(1)能说出动车组车体两侧各部件的名称。

(2)知道动车组车体两侧各部件的基本结构。

2. 能力目标

(1)能正确地对动车组车体两侧进行检查，包括：车体注水口/排污口、侧门、侧窗及车外标记、抬车垫板、转向架构架、轴箱及定位装置、车轮、轮盘及降噪板/块、轴端接地装置、空气弹簧及减振装置、车端连接部、自动过分相传感器、车外信息显示器、车下设备工作状态检查等。

(2)能在车体两侧检查过程中发现故障。

3. 素质目标

(1)培养良好的合作意识、语言表达能力和与人沟通能力。

(2)培养认真踏实、动手检查能力、形象思维能力。

(3)养成良好的安全与自我保护能力。

【任务书】

本任务是动车组机械师的工作岗位职责要求，动车组的一级检修对保障动车组的安全运行至关重要，车体两侧检查是其中很重要的一个环节，也是动车组机械师必备的一项技能。

(1)掌握动车组检查的基本知识。

(2)对动车组车体两侧进行检查，包括：车体注水口/排污口、侧门、侧窗及车外标记、抬车垫板、转向架构架、轴箱及定位装置、车轮、轮盘及降噪板/块、轴端接地装置、空气弹

裁　切　线

簧及减振装置、车端连接部、自动过分相传感器、车外信息显示器、车下设备工作状态检查等，并在检查过程中发现故障。

【任务分组】

小组成员		任务分工
姓名	学号	

【引导问题】

1. CR400AF 型动车组车体两侧有哪些设备？

2. CR400AF 型动车组与之前型号动车组相比车体两侧设备有什么变化？

【任务实施】

一、作业程序

序号	检查项目	作业质量标准
1	车体注水口/排污口（全列）	(1)外墙板、玻璃、塞拉门及裙板等外观状态良好，无变形、损坏，油漆无明显脱落、划痕；车体倾斜符合要求。 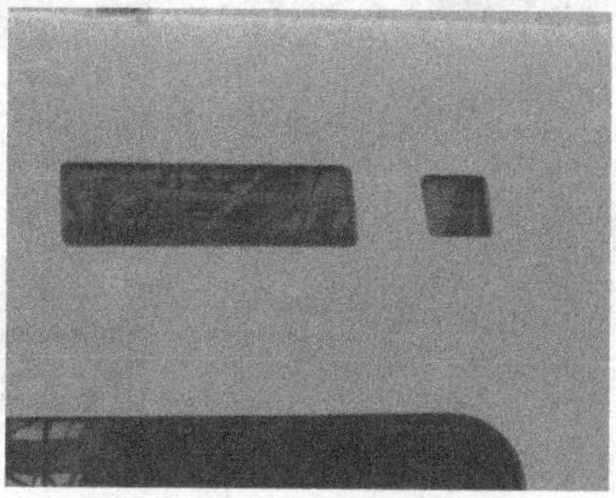 车体侧墙 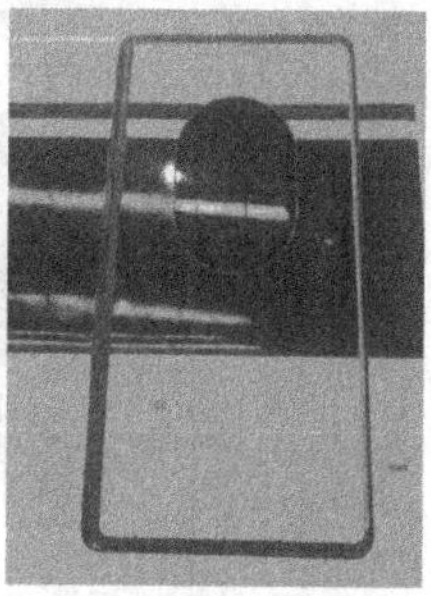　　塞拉门

<table>
<tr><th>序号</th><th>检查项目</th><th>作业质量标准</th></tr>
<tr><td>1</td><td>车体注水口/排污口（全列）</td><td>(2)裙板安装螺栓外观状态良好，安装紧固、无缺失，防松标记清晰无错位；裙板格栅无明显变形、缺损、裂纹，无外挂附着物；裙板锁锁芯三角标识正对指向“关”位，且转舌锁锁芯处于回弹状态。 
格栅裙板 　转向架处裙板 
安全碰锁
裙板安全碰锁 　裙板转舌锁
(3)底板侧部安装螺栓、防脱销外观状态良好，安装紧固、无缺失，防松标记清晰无错位，防松铁丝无松动缺失；防脱销全部处于关闭状态。 
防脱销弹出（关位）
底板螺栓及防松铁丝、防脱销（首列） 
底板螺栓及防松铁丝 　防脱销（关位）</td></tr>
</table>

裁　切　线

序号	检查项目	作业质量标准
1	车体注水口/排污口（全列）	(4)裙板注水口、排污口、砂箱注砂口等部位检查盖(包括滑道)状态良好,无损伤、裂纹,且开关顺畅、到位;安装紧固、无缺失,止转、防松标记清晰无错位。   注水口及排污口检查盖   砂箱注砂口检查盖 (5)液位显示器及砂箱砂位等裙板透明观察窗表面清晰、无损伤及裂纹。   液位观察窗　砂位观察窗 (6)车端减振器处密封板外观状态良好,安装紧固、无缺失,防松标记清晰无错位。  车端减振器处密封板

序号	检查项目	作业质量标准
2	车体 （全列）	(1)车体外墙板、裙板无变形、损坏；油漆无脱落、划痕。 (2)车体无明显倾斜。
3	侧门、侧窗及车外标记 （全列）	(1)车窗玻璃、塞拉门玻璃无裂纹、破损，玻璃密封胶无脱落。 (2)塞拉门无变形、损坏，外侧胶条无损坏、脱落，门扇表面油漆无脱落、划痕。车外紧急开门装置把手复位正常、无翘起。 (3)塞拉门隔离锁堵头无脱落、丢失。头车隔离锁盖板无脱落、丢失。 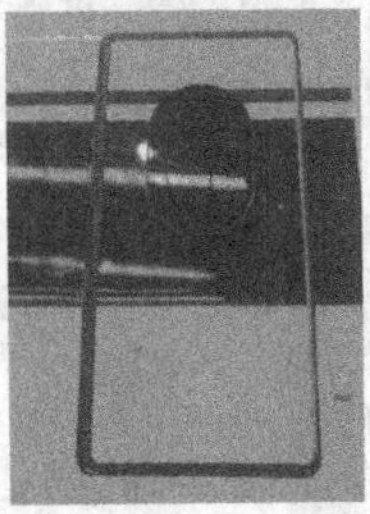 塞拉门 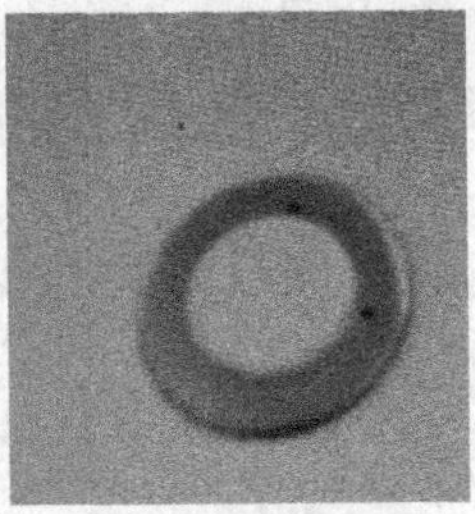　中间车隔离锁堵头 　头车隔离锁盖板 (4)车外标记无破损、脱落。
4	抬车垫板 （全列）	抬车垫板状态良好，螺栓防松标记清晰、无松动。 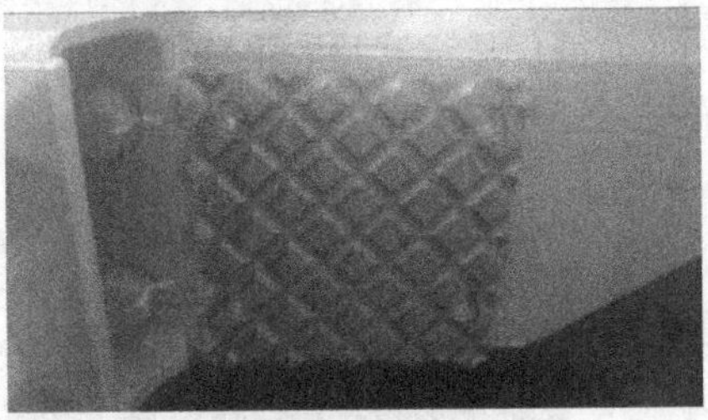 抬车垫板
5	转向架构架（全列）	(1)构架侧梁及空气弹簧支撑梁无裂纹。 (2)各安装管线状态良好，无抗磨。 (3)转向架铭牌安装状态良好，无裂纹。
6	轴箱及定位装置 （全列）	(1)垂向减振器无漏油，外观状态良好；连接螺栓及螺母无松脱、防松铁丝无折断；减振器座无裂纹。 (2)轴箱弹簧安装状态良好，轴箱橡胶护套无破损。 (3)轴箱外观状态良好，箱体无损伤、无漏油，螺栓无松动。橡胶防尘盖无破损、安装无松动，呼吸器、链配置齐全。 (4)轴箱前盖表面目视检查不得存在裂纹，表面伤痕深度不超过 5 mm 时消除锐棱后使用，表面有锈痕时须清除。

裁　切　线

序号	检查项目	作业质量标准
6	轴箱及定位装置（全列）	(5)轮对提吊外观检查有磕碰伤及锐棱部位须打磨消除。 (6)传感器安装无松动，线缆固定无松动，线夹无损伤，线缆外观无损伤、老化现象，车上连接器安装牢固。线缆防护用螺旋软管出现局部破损、断裂等缺陷时，允许采用绝缘防水材料处理，出现三处以上破损、断裂缺陷时更换。 (7)转向架排障器及撒砂喷嘴安装座外观无裂纹或磕碰损伤，紧固件无松脱，止转垫片无折断。 (8)轴箱定位装置外观状态良好，螺栓无松动，橡胶节点外露橡胶有下列情况者更换： ①橡胶与金属件结合面之间产生开裂，长度超过 1/6 圆周且深度超过 5 mm 时。 ②橡胶表面产生溶胶现象且有明显块状橡胶脱出时。 ③橡胶表面伤痕长度在 15 mm 以上且深度在 5 mm 以上时。 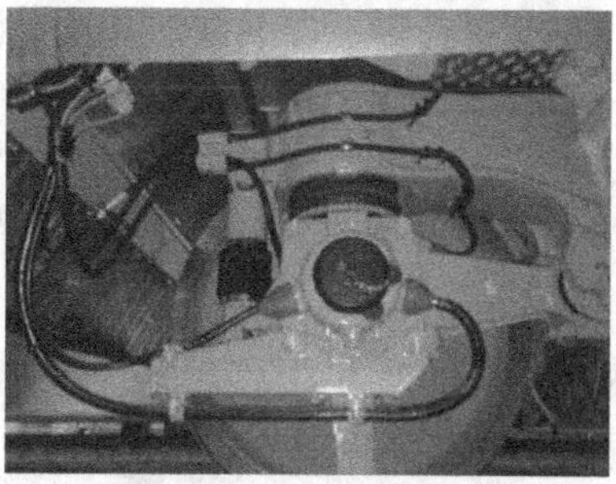 轴箱定位装置及传感器 (9)防振橡胶外观状态良好，厚度方向不得存在贯穿性裂纹，橡胶表面裂纹或伤痕深度且长度超限时更换。
7	车轮、轮盘及降噪板/块（全列）	(1)踏面擦伤、剥离、硌伤、卷边（碾边）不过限。 (2)轮缘无缺损，磨耗状态正常。 (3)轮对各部尺寸不过限。 (4)轮装制动轮盘螺栓安装牢固，盘面裂纹不过限。 (5)车轮注油孔螺堵无松动、丢失。 (6)拖车车轮降噪板开胶长度不超限，降噪块安装状态良好，螺栓无松动。  车轮及制动盘

序号	检查项目	作业质量标准
8	轴端接地装置(01、03、06、00)	轴端接地装置(拖车一位侧端)安装紧固件无松脱,电缆外观状态良好。 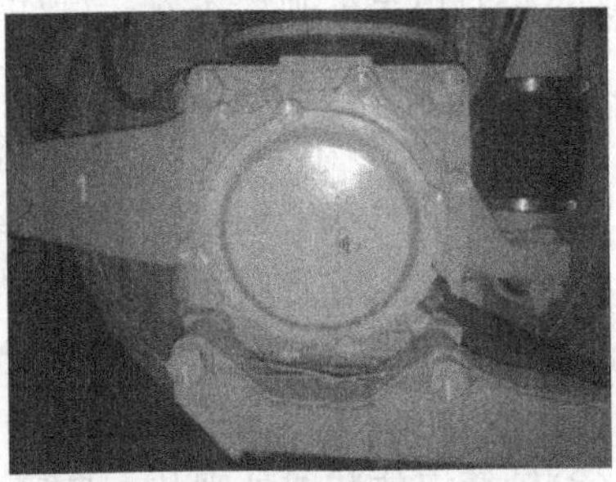 轴端接地装置
9	空气弹簧及减振装置(全列)	(1)空气弹簧外观状态良好,无漏风。 (2)高度调整阀无漏风;调整杆无变形,关节轴承转动灵活;保温箱外观、安装状态良好,无油迹;配件无缺失;锁紧装置紧固,塞门与管路平行,管路无漏泄。 (3)抗蛇行减振器无漏油及外观状态良好,安装无松动;减振器座无裂纹;橡胶套无破损,卡箍无松动。 (4)高度阀和空气弹簧塞门手柄与管路平行,安装牢固。 (5)空气弹簧上盖板(车体底部)与构架空簧测量基准点垂直高度满足限度要求。  抗蛇行减振器 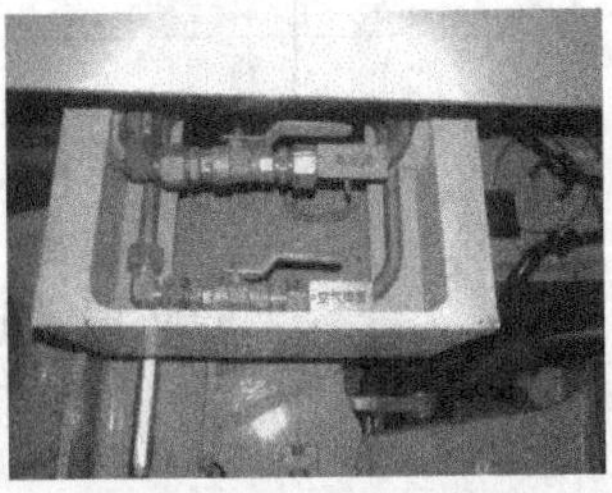　高度阀和空气弹簧塞门
10	车端连接部(全列)	(1)外风挡状态良好,安装牢固,无破损。 (2)车间油压减振器无漏油及外观状态良好,安装不松动;减振器座无裂纹。  车间减振器

序号	检查项目	作业质量标准
11	自动过分相传感器（03、06 车）	自动过分相系统车载感应器外观状态良好，安装牢固，距轨面高度符合限度 120_{-5}^{0} mm 要求（空载条件下）。 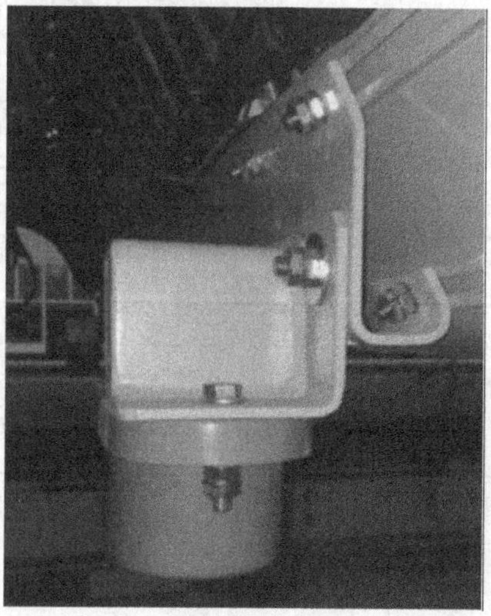 车载感应器
12	车外信息显示器（全列）	车外信息显示器显示正常。  车外信息显示器
13	车下设备工作状态检查	牵引系统冷却风机运转正常，无异音。
工具	安全帽、手电筒、检点锤、塞尺、钢板尺。	

二、计划与决策

班级		组别	
小组成员			
记录		时间	

项目计划

(1)人员分工计划

序号	姓名	职责	备注
		2 人假设故障(10 处)	
		1 人检查并记录	
		1 人根据记录进行核验	
		1 人根据评分标准打分	

(2)完成任务计划

要点:请根据步骤数量画上横格线,并填写内容。

序号	步骤名称	工作要点

教师指导意见

教师签名:　　　　日期:

小组决策

决策意见:

作业流程:

所需工具:

注意事项:

裁切线

<table>
<tr><td colspan="4">三、项目实施</td></tr>
<tr><td>班级</td><td></td><td>组别</td><td></td></tr>
<tr><td>小组成员</td><td colspan="3"></td></tr>
<tr><td>记录</td><td></td><td>时间</td><td></td></tr>
<tr><td rowspan="4">实施(任务完成)</td><td colspan="3">(1)讨论 10 处假设故障,包括类型及个数。</td></tr>
<tr><td colspan="3">(2)根据检查标准查找故障并记录。</td></tr>
<tr><td colspan="3">(3)根据记录对假设故障进行检测。</td></tr>
<tr><td colspan="3">(4)根据检查评分标准进行打分。</td></tr>
<tr><td>变更计划记录</td><td colspan="3">在实施过程中,如果执行计划有变更,请做记录,并说明理由。</td></tr>
<tr><td>教师指导意见</td><td colspan="3">教师签名:　　　　日期:</td></tr>
</table>

【任务评价】

以团队小组为单位完成任务，以学生个人为单位实行考核。

姓名	假设故障选择			检查及记录			故障核验			得分
	自评	互评	教师评	自评	互评	教师评	自评	互评	教师评	

说明：

1. 每个人的总分为100分，采用多主体评价。

2. 每个主体进行评价的评价标准为：正确假设故障（20分）、故障检查并记录（50分）、故障核验（20分）、语言流畅、思路清晰（10分）。

3. 建议权重计为：自评分占0.2，互评分占0.3，教师评分占0.5，然后加权算出每位同学在本项目中的综合成绩。

裁 切 线

课程名称	列车构造认知与检查	学习情境	轴承外圈检查
班级		姓名	

学习情境八　轴承外圈检查

【学习情境描述】

了解铁路客车构造，通过拆解检查轴承外圈，明确轴承外圈的故障形式和类别。

【学习目标】

1. 知识目标

(1)能描述轴承检修的作业流程。

(2)能描述轴承检修使用的工具材料。

(3)能区分轴承外圈故障形式和故障类别。

2. 能力目标

(1)掌握轴承外圈故障状态分析判断。

(2)掌握轴承外圈的检修方法。

3. 素质目标

(1)具备爱岗敬业、细心踏实的工作态度。

(2)具备勇于创新、吃苦耐劳的职业精神。

【任务书】

通过实训，掌握轴承外圈的各结构的缺陷名称，判断缺陷状态，识别故障类别。

【任务分组】

小组成员		任务分工
姓名	学号	

【引导问题】

1. 轴承外圈缺陷类型有哪几种？

2. 轴承外圈故障类别是什么？

【任务实施】

一、理论基础

1. 注意事项

注意人身安全，避免碰手碰脚。

2. 作业流程

作业前准备→核对轴承使用年限→检查旋转灵活性→检查外圈外观状态→判定轴承外圈修程→填写记录→完工整理。

3. 工具材料

旋转仪、轴承检测工作台、轴承运输流水线、塞尺、放大镜、砂布。

二、轴承外圈检修作业流程

工序	作业内容及标准
1. 作业前准备	(1)佩戴工作帽，着工作服，佩戴细白棉布手套，女士长发须盘在帽子内。 (2)检查轴承运输流水线运行正常，无异音、卡滞。 (3)平台、塞尺检定不过期，检定周期为 12 个月。
2. 核对轴承使用年限	核对轴承使用寿命。轴承的使用时间计算到月（运行里程计算到 km），自轴承首次装用时间开始计算，当首次装用时间不明时，则以轴承制造时间为准，使用终止时间以轴承入检修单位的收入时间计算，运行里程和使用时间以先到者为准。有下列情况之一时报废： (1)国产普通轴承运行里程达 240 万 km 或使用时间达 10 年。 (2)国产提速轴承运行里程达 280 万 km 或使用时间达 10 年。 (3)进口轴承运行里程达 280 万 km 或使用时间达 10 年。 安全风险提示：⚠轴承寿命计算准确，禁止超寿命期轴承装车使用。

裁　切　线

<table>
<tr><th>工序</th><th colspan="2">作业内容及标准</th></tr>
<tr><td>3. 检查轴承旋转灵活性</td><td colspan="2">将轴承放置在旋转仪上，左右旋转 3～5 周，转动应灵活、无异音、无滑动、脱落、卡死现象。</td></tr>
<tr><td rowspan="17">4. 检查外圈外观状态</td><td colspan="2">(1)轴承外圈放置在专用的检查架上进行外观检查，根据轴承缺陷类别和程度并进行处理。
(2)轴承外圈有轻微的碰伤、划伤、锈蚀等缺陷时，可用油石或 200 号金相砂纸蘸油打磨，经处理的轴承外圈工作表面及配合面须平滑，不影响轴承零件的轮廓尺寸时允许使用。
(3)轴承外圈因故障报废时该套轴承整套报废。
轴承缺陷类别及程度</td></tr>
<tr><td>零件名称</td><td>缺陷状态</td></tr>
<tr><td>轴承零件任何部位</td><td>裂纹、破损</td></tr>
<tr><td>内圈、外圈、滚子</td><td>斑点、凹坑、密集的小坑状、金属熔融或洗衣板状</td></tr>
<tr><td>轴承零件工作面</td><td>金属表面黏附有被迁移的熔融性金属</td></tr>
<tr><td rowspan="2">内圈、外圈、滚子</td><td>麻点直径≤0.2 mm</td></tr>
<tr><td>麻点直径>0.2 mm，有手感</td></tr>
<tr><td rowspan="2">内圈、外圈、滚子</td><td>碾皮深度≤0.025 mm</td></tr>
<tr><td>碾皮深度>0.025 mm</td></tr>
<tr><td>内圈、外圈、滚子</td><td>有一定深度和面积，呈凹凸不平鳞状；有尖锐的沟角。滚动面出现剥离，呈海滩状条纹</td></tr>
<tr><td>内圈、外圈、滚子</td><td>碰伤长度≤0.5 mm</td></tr>
<tr><td>内圈、外圈</td><td>碰伤面积≤3 mm×3 mm</td></tr>
<tr><td>滚子</td><td>碰伤面≤1 mm×1 mm</td></tr>
<tr><td rowspan="2">轴承零件工作面</td><td>划伤无手感</td></tr>
<tr><td>划伤有手感，但能修复者</td></tr>
<tr><td rowspan="2">轴承零件工作面</td><td>深度≤0.025 mm</td></tr>
<tr><td>深度>0.025 mm</td></tr>
</table>

工序	作业内容及标准	
4. 检查外圈外观状态	内圈、外圈、滚子	凹痕无手感
		凹痕有手感,但能修复者
		凹痕有手感,无法消除者
	内圈、外圈	条状压痕(在冲击载荷作用下,滚子对内外滚道产生的压痕)
	内圈、外圈、滚子	呈浅黄色
		呈黄色或浅棕红色
		呈棕红色、紫蓝色或蓝黑色
	轴承零件各表面	锈迹
		蚀刻
		蚀坑
	轴承内外圈滚道面,内圈端面及内径面	轻微振磨蚀加修后尺寸精度在限度内
		严重微振磨蚀
	内圈内径(轴承滚道直径表面)	轴承滚道直径表面拉伤严重者
	内圈、外圈、滚子	深度≤0.025 mm,条数≤4 条
		深度>0.025 mm
	轴承零件	不影响探伤缺陷
		影响探伤
	(4)对轴承零件按缺陷程度进行处理: A 类:缺陷对轴承性能和使用安全性没有影响,修复与否均可使用。 B 类:缺陷对轴承性能和使用安全性有一定影响,但经修复可再使用。 C 类:缺陷对轴承性能和使用安全性有严重影响,不得再修复使用。	
5. 判定轴承外圈修程	(1)轴承出现下列缺陷时,应予报废。 ①轴承达到寿命管理要求。 ②车辆颠覆或脱轨后的全车轴承。 ③轴承发生热轴或被火灾损伤。 ④轴承转动不灵活。	

工序	作业内容及标准
5. 判定轴承外圈修程	⑤轴承零件发生电蚀。 ⑥轴承外圈有裂纹、剥离、擦伤、麻点、严重锈蚀。 ⑦轴承外圈外观检查出现无法修复的故障缺陷。 (2)对报废轴承外圈画写“×”标识,合套后放入报废轴承存放区内并及时处理。 安全风险提示:⚠报废轴承外圈严禁装车使用。
6. 填写记录	(1)外圈检修完毕后填写轴承检修记录单相关内容。 (2)记录填写做到规范齐全,不错不漏、责任章齐全。
7. 完工整理	(1)作业完毕后,将工具材料放到固定位置。 (2)工作场地清扫干净、整洁。

三、计划与决策

班级		组别	
小组成员			
记录		时间	

项目计划

(1)人员分工计划

序号	姓名	职责	备注
		2 人假设故障(10 处)	
		1 人走行部检查并记录	
		1 人根据记录进行核验	
		1 人根据评分标准打分	

(2)完成任务计划

要点:请根据步骤数量画上横格线,并填写内容

序号	步骤名称	工作要点

教师指导意见	教师签名：　　　日期：
小组决策	决策意见：
	作业流程：
	所需工具：
	注意事项：

【任务评价】

以团队小组为单位完成任务，以学生个人为单位实行考核。

姓名	假设故障选择			检查及记录			故障核验			得分
	自评	互评	教师评	自评	互评	教师评	自评	互评	教师评	

说明：

1. 每个人的总分为100分，采用多主体评价。

2. 每个主体进行评价的评价标准为：正确假设故障(20分)、故障检查并记录(50分)、故障核验(20分)、语言流畅、思路清晰(10分)。

3. 建议权重计为：自评分占0.2，互评分占0.3，教师评分占0.5，然后加权算出每位同学在本项目中的综合成绩。

将所测故障类型，测量数据记录。

裁 切 线

线　切　裁

轴承外圈检查记录表

班级：　　　　　　　学生签名：　　　　　　　年　　月　　日

序号	1	2	3	4	5	6	7	8	9	10	11
故障形式											
故障状态											
故障类别											
评分											
反馈											

教师签名________

课程名称	列车构造认知与检查	学习情境	始发列车人工检查一辆作业标准
班级		姓名	

学习情境九　始发列车人工检查一辆作业标准

【学习情境描述】

适用于160 km/h及以下铁路客车轮对RD_3、RD_4、RD_{3A}、RD_{3A1}、RD_{3B}等轮对荧光磁粉探伤。

【学习目标】

1. 知识目标

(1)能描述荧光磁粉探伤的作业流程。

(2)能说出检查工具的名称。

(3)能判断轮对中的故障形式和位置。

(4)能正确分析磁痕类型。

2. 能力目标

(1)能够准确判断并处理故障的技能。

(2)能够参照标准规范完成探伤任务。

3. 素质目标

(1)具备爱岗敬业、细心踏实的工作态度。

(2)具备勇于创新、吃苦耐劳的职业精神。

【任务书】

通过实训,掌握磁粉探伤的基本原理,能够通过磁粉探伤判断故障位置,分析故障类型,完成故障处理。

【任务分组】

小组成员		任务分工
姓名	学号	

裁 切 线

【引导问题】

1. 磁粉探伤的工作原理是什么？

2. 如何分析磁痕的形式？

【任务实施】

一、理论基础

1. 安全注意事项

(1)喷液时要均匀，不得喷出外面，避免磁化时漏电。

(2)作业时必须带紫外线防护眼镜，避免眼镜长时间紫光辐射看不清。

(3)轮对探伤完成后，轮对推出时不要站在出轮侧，避免轮对撞伤。

2. 作业流程

开工前准备→开工首件鉴定→轮对探伤→填写记录→完工清理。

3. 工具材料

磁强计、紫外线防护眼镜、温度计、游标卡尺、钢卷尺手电筒、角向磨光机。

4. 磁痕分析知识

(1)裂纹：在加工或使用过程中，金属的连续性被破坏而形成的缺陷。在磁粉探伤时，其磁痕特征一般为锯齿形，两端呈尖角状，磁粉聚集的图像不规则，但清晰、密集。

(2)发纹：由原材料中的微小气孔、针孔、金属或非金属夹杂物等经锻轧而形成的原材料缺陷。在磁粉探伤时，其磁痕特征呈直的或微弯的细线，磁粉聚集图像细长、平直。

(3)伪磁痕：在磁粉探伤时，其磁痕特征为绝大部分的磁粉聚集图像都比较散乱，再磁化检查时，一般复现状况不好或完全不复现。

(4)横向裂纹或横向发纹、纵向裂纹或纵向发纹：在磁粉探伤时，磁痕延伸线与车轴轴线的夹角≥45°为横向裂纹或横向发纹；<45°为纵向裂纹或纵向发纹。

(5)大裂纹的定义：轮轴轴向直探头超声波探伤检查时，在透声检查的灵敏度基础上，所能发现的轴颈根部(卸荷槽)、轮座(盘座)镶入部和轴身部位的裂纹称为该部位的大裂纹，此时裂纹反射回波高度达到荧光屏垂直刻度满幅的80%，信噪比>10 dB。

(6)闸片波浪磨耗：由于闸片组织的不均匀(硬度和弹性模量)或腐蚀等造成的制动盘体沿半径方向产生的大范围不规则波浪形状的非正常磨耗。

(7)闸片凹槽磨耗：由非闸片材料对制动盘体产生的局部划伤型沟槽状的非正常磨耗。

5. 判伤标准及处理方法

(1)车轴不允许存在裂纹和横向发纹,各圆弧处不允许存在发纹。

(2)车轴表面纵向发纹允许存在的限度如下:

①轴颈:单条发纹长度≤6 mm,所有发纹总长度≤50 mm。

②轴肩:不允许存在发纹。

③防尘板座:单条发纹长度≤10 mm,长度为5～10 mm的发纹总长度≤50 mm。

④轮座:单条发纹长度≤10 mm,长度在5～10 mm的发纹总长度100 mm。

⑤轴身:单条发纹长度≤10 mm,任意300 mm长度内周向全表面上,长度在5～10 mm的发纹总长度≤40 mm。

二、作业程序、标准及示范

工序	作业内容及标准
1. 开工前准备	(1)检查工装器具:磁强计、紫外线防护眼镜、温度计、游标卡尺、钢卷尺、手电筒、角向磨光机等须齐全、良好,在有效期内。 (2)检查探伤环境: ①探伤作业应在独立的工作场地进行,探伤工作场地应照度适中、通风良好,室内温度应保持在10～30 ℃范围内。 ②探伤工作场地应远离潮湿、粉尘场所;探伤设备所用的电源,应与大型机械动力电源线分开并单独接线。 ③超声波探伤与磁粉探伤的工作场地,应保持适当的距离,避免相互干扰。 (3)检查探伤机状况。探伤机配件齐全良好,动作无故障;电器连接件无破损、折断、松动;电压、电流表检定不过期。 (4)检查季度性能校验、日常性能校验是否按规定进行。季度性能校验、日常性能校验必须按照规定进行且合格后才能开始探伤作业。
2. 开工首件鉴定	(1)日常校验完工后,正式开工前使用样板轮对,进行开工首件鉴定,首件鉴定由车间技术员组织,工作者、工长、质检员参加。 (2)开工首件鉴定,按照日常校验要求对样板轮对进行磁化,磁化时按照实际情况,直到磁化电流能显示试片清晰为止。 ①周向磁化电流推荐值: a. 车轴:I=1 400～2 000 A。 b. 轮轴、轮对:I=1 800～2 600 A。 ②纵向磁化磁动势推荐值: a. 采用分散式线圈法时,NI=10 000～24 000 AT。 b. 采用磁轭法时,NI=12 000～24 000 AT。式中,N——线圈匝数;I——纵向磁化电流(A)。 (3)首件鉴定合格后,填写《客车轮轴磁粉探伤机首条鉴定记录单》,参加人员应确认检查记录内容并签章。

工序	作业内容及标准
3. 轮对探伤	(1)确定轮对、轮轴探伤检查内容。轮对在施行段(A2/A3)修及以上修程时，须对车轴外露部位(轮对如不退卸内圈时，防尘板座及轮座外测的外露部位除外)，车轮的轮毂、辐板外露面，制动盘毂外露部位(制动盘摩擦盘体退卸后为制动盘毂外表面)，分体制动盘半盘螺栓连接处的盘体外圆面施行复合磁化磁悬液探伤。有辐板孔车轮的还须对内侧辐板孔部位施行复合磁化磁粉探伤检查。 (2)轮轴、轮对被探测表面须露出基本金属面，并擦拭干净，须无油污、锈垢、毛刺和纤维等杂物。 (3)轮对探伤。 ①在开工首件鉴定调整好的探伤灵敏度条件下，以同样的磁化电流和磁动势对轮轴、轮对、车轴进行磁化。 ②轮轴、轮对、车轴磁化前，先对探伤部位表面喷淋磁悬液，磁悬液应缓流、均匀、全面覆盖探伤部位，然后磁化，磁化时间 2～3 s，磁化的同时喷洒磁悬液，磁化结束前停止喷洒磁悬液，再磁化 2～3 次，每次磁化时间 0.5～1 s。 ③夹持装置夹紧车轴时，须保证两电极与车轴两端面可靠接触，防止打火现象发生。 (4)观察磁痕。 ①轮轴、轮对磁化后，应及时观察磁痕显示。标出每个探伤部位转动的“起始”标识，保证转动 1 周以上，所有探伤部位不漏检。 ②在检查过程中发现缺陷磁痕时，应使用标记笔画出缺陷磁痕位置，并详细记录缺陷磁痕的位置、方向和尺寸大小。 ③对缺陷磁痕存在疑问时，应退磁并擦去磁痕，重新磁化(复合或单向)后及时观察。车轮辐板等粗糙表面局部复探时可采用交流磁轭探伤仪及时观察磁痕显示。 (5)退磁 轮轴、轮对、车轴退磁后，应使用磁强计逐一检查退磁效果。在距探伤机 4 m 以外，用磁强计在车轴两端的中心孔附近测量，剩磁应符合如下规定： 车轴剩磁≤0.5 mT(5 Gs)。 轮对剩磁≤0.7 mT(7 Gs)。 轮轴剩磁≤1.0 mT(10 Gs)。 

工序	作业内容及标准
3. 轮对探伤	(6)质量标准 ①车轴 a. 车轴不允许存在裂纹和横向发纹,各圆弧处不允许存在发纹。 b. 车轴表面纵向发纹允许存在的限度如下: ⓐ轴颈:单条发纹长度≤6 mm,所有发纹总长度≤50 mm。 ⓑ轴肩:不允许存在发纹。 ⓒ防尘板座:单条发纹长度≤10 mm,长度为 5～10 mm 的发纹总长度≤50 mm。 ⓓ轮座:单条发纹长度≤10 mm,长度在 5～10 mm 的发纹总长度 100 mm。 ⓔ轴身:单条发纹长度≤10 mm,任意 300 mm 长度内周向全表面上,长度在 5～10 mm 的发纹总长度≤40 mm。 ②车轮 a. 车轮轮毂不允许存在裂纹。 b. 车轮辐板不允许存在裂纹。 c. 车轮辐板孔不允许存在裂纹。 ③制动盘和盘毂 a. 分体制动盘半盘螺栓连接处的盘体外圆面不允许存在裂纹。 b. 制动盘盘毂不允许存在裂纹。 (7)探伤标识。探伤结束后,应使用标记笔书写磁粉探伤检查标识“TD”,轮轴、轮对在左端车轮辐板外侧,车轴在轴身上;确认有缺陷时,在缺陷处做好标记,并在“TD”下注明缺陷性质和位置。
4. 填写记录	(1)经磁粉探伤的轮对,探伤工填写《铁路客车轮轴磁粉探伤记录表》(车统—53K31)。 (2)经磁粉探伤确认有裂纹的轮对,探伤工填写《铁路客车轮轴磁粉探伤发现缺陷记录卡》(车统—52K30)。 (3)探伤记录填写须做到项目齐全、字迹清晰、内容准确、不涂不改,相关人员在相应栏内签章。 (4)《客车轮轴磁粉探伤机首条鉴定记录单》《铁路客车轮轴磁粉探伤记录表》(车统—53K31)须按月装订成册,《铁路客车轮轴磁粉探伤发现缺陷记录卡》(车统—52K30)须按年装订成册,由单位统一保管,保存时间至少为 5 年。
5. 完工清理	工具妥善保管,场地清洁,场地须干净、整洁。

三、计划与决策

班级		组别	
小组成员			
记录		时间	

项目计划

(1)人员分工计划

序号	姓名	职责	备注
		2 人假设故障(10 处)	
		1 人走行部检查并记录	
		1 人根据记录进行核验	
		1 人根据评分标准打分	

(2)完成任务计划

要点:请根据步骤数量画上横格线,并填写内容。

序号	步骤名称	工作要点

教师指导意见

教师签名：　　　　　日期：

<table>
<tr><td rowspan="4">小组决策</td><td>决策意见：</td></tr>
<tr><td>作业流程：</td></tr>
<tr><td>所需工具：</td></tr>
<tr><td>注意事项：</td></tr>
</table>

四、项目实施

<table>
<tr><td>班级</td><td></td><td>组别</td><td></td></tr>
<tr><td>小组成员</td><td colspan="3"></td></tr>
<tr><td>记录</td><td></td><td>时间</td><td></td></tr>
<tr><td rowspan="4">实施(任务完成)</td><td colspan="3">(1)探讨轮对的故障类型。</td></tr>
<tr><td colspan="3">(2)根据探伤标准查找故障并记录。</td></tr>
<tr><td colspan="3">(3)根据记录对轮对故障进行检测。</td></tr>
<tr><td colspan="3">(4)记录故障检测数据。</td></tr>
<tr><td>变更计划记录</td><td colspan="3">在实施过程中，如果执行计划有变更，请做记录，并说明理由。</td></tr>
</table>

裁切线

教师指导意见	教师签名：　　　　日期：

【任务评价】

以团队小组为单位完成任务，以学生个人为单位实行考核。

姓名	假设故障选择			检查及记录			故障核验			得分
	自评	互评	教师评	自评	互评	教师评	自评	互评	教师评	

说明：

1. 每个人的总分为100分，采用多主体评价。

2. 每个主体进行评价的评价标准为：正确假设故障（20分）、故障检查并记录（50分）、故障核验（20分）、语言流畅、思路清晰（10分）。

3. 建议权重计为：自评分占0.2，互评分占0.3，教师评分占0.5，然后加权算出每位同学在本项目中的综合成绩。

裁 切 线

铁路客车轮轴(车轴)磁粉探伤记录表

班级：　　　　　　　　　　学生签名：　　　　　　　　　　年　　月　　日

序号	轴型	轴号	车轴制造		轮对首次组装		探测部位及结果														剩磁 mT□ Gs□
							轴颈部位		轮座部位		制动盘座部位			轴身部位	车轮部位		制动盘部位			
			时间	单位	时间	单位	左	右	左	右	左	中	右		左	右	左	中	右	
评分																				
反馈																				

注：1.“探测部位及结果”相应栏：画“√”表示“无缺陷”，画“×”表示“有缺陷”。

2. 轴颈部位：包含轴颈、轴颈后肩、防尘板座。

轮座部位：车轴轮座部位包含轮座和轮座两侧圆弧处，轮轴(轮对)轮座部位包含轮座外露部位和轮座两侧圆弧处。

制动盘座部位：车轴制动盘座部位包含盘座和盘座两侧圆弧处，轮轴(轮对)制动盘座部位包含制动盘座外露部位和盘座两侧圆弧处。

车轮部位：包含轮毂、辐板全表面。

制动盘部位：整体式制动盘指盘毂外露部位，分体制动盘包含盘毂外露部分和半盘螺栓联接处的盘体外圆面。

课程名称	列车构造认知与检查	学习情境	轮对尺寸测量
班级		姓名	

学习情境十　轮对尺寸测量

【学习情境描述】

适用于轮对尺寸测量，需测量其运用限度时，依照本部分学习内容进行测量。

【学习目标】

1. 知识目标

(1)能描述第四种检查器的各部分名称。

(2)能描述第四种检查器的作用。

(3)能使用第四种检查器测量相应尺寸。

2. 能力目标

(1)掌握使用第四种检查器测量尺寸的技能。

(2)掌握轮对直径测量。

3. 素质目标

(1)具备爱岗敬业、细心踏实的工作态度。

(2)具备勇于创新、吃苦耐劳的职业精神。

【任务书】

通过实训，掌握轮对轴身直径、车轮直径、车轮轮辋厚度、轮辋宽等尺寸的测量方法，会使用第四种检查器。

【任务分组】

小组成员		任务分工
姓名	学号	

【引导问题】

1. 第四种检查器的组成包括什么？

2. 轮径尺的作用是什么？

【任务实施】

一、理论基础

1. 作业要点

现场作业人员在发现车轮踏面尺寸不符合规定时，须使用第四种检查器进行测量。测量前须确认车列两端设有安全防护信号，测量结果需符合如下运用限度，对不符合规定的需扣修处理。

<table>
<tr><th>序号</th><th colspan="2">名称</th><th>限度</th><th>备注</th></tr>
<tr><td rowspan="2">1</td><td rowspan="2">车轮轮辋厚度</td><td>无辐板孔</td><td>≥23 mm</td><td rowspan="2"></td></tr>
<tr><td>有辐板孔</td><td>≥24 mm</td></tr>
<tr><td rowspan="2">2</td><td rowspan="2">车轮轮缘厚度</td><td>棚车、集装箱平车、平车一集装箱共用车、小汽车运输专用车及120 km/h货物列车中的铁路货车</td><td>≥25 mm</td><td></td></tr>
<tr><td>其他</td><td>≥23 mm</td><td>3轴及多轴转向架的中间轮对轮缘厚度列检可不掌握</td></tr>
<tr><td>3</td><td colspan="2">车轮轮缘垂直磨耗(接触位置)高度</td><td>≤15 mm</td><td></td></tr>
</table>

序号	名称		限度	备注
4	车轮轮缘内侧缺损	长度	≤30 mm	
		宽度	≤10 mm	
5	车轮踏面圆周磨耗深度		≤8 mm	
6	车轮踏面擦伤及局部凹下深度		≤1 mm	
7	车轮踏面剥离长度	一处	≤50 mm	(1)沿圆周方向测量。 (2)测量时规定如下： ①两端宽度不足 10 mm 的，不计算在内。 ②长条状剥离其最宽处不足 20 mm 的，不计算在内。 ③两块剥离边缘相距小于 75 mm 时，每处长不得超过 35 mm；多处小于 35 mm 的剥离，其连续剥离总长度不得超过 350 mm。 ④剥离前期未脱落部分，可不计算在内。
		两处(每一处均)	≤40 mm	
8	车轮踏面缺损	相对轮缘外侧至缺损部位边缘之距离	≥1 508 mm	从缺损部内侧边缘起测量
		缺损部位之长度	≤150 mm	沿车轮踏面圆周方向测量
9	车轮辐板孔边缘周向裂纹		≤30 mm	
10	滚动轴承温升		≤55 K	

2. 作业流程

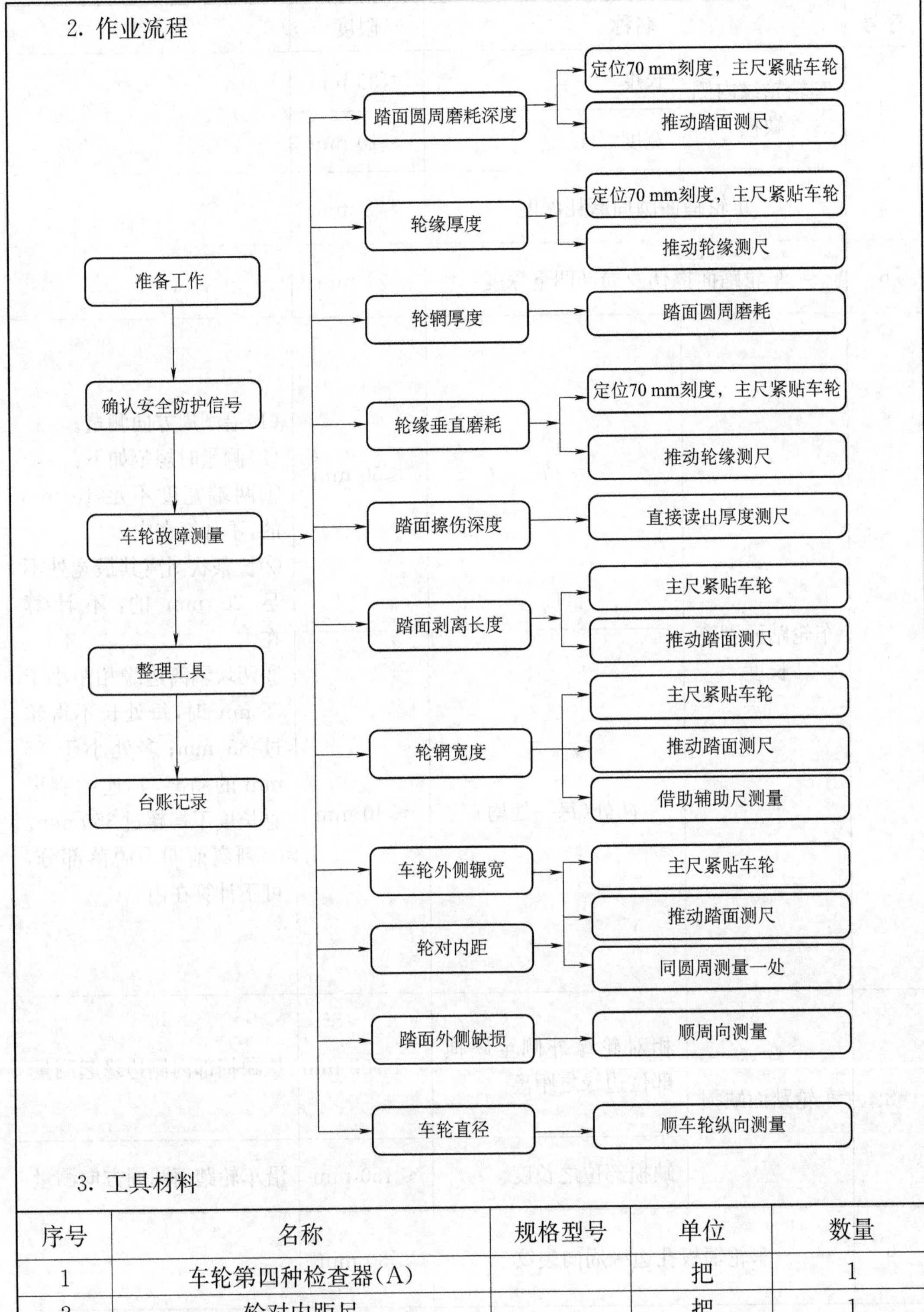

3. 工具材料

序号	名称	规格型号	单位	数量
1	车轮第四种检查器(A)		把	1
2	轮对内距尺		把	1
3	机车车辆车轮外径测量仪		把	1
4	钢板尺		把	1

二、作业程序、标准及示范

1. 准备工作

检查车轮第四种检查器(A)外观技术状态良好,要求配件齐全、测量尺框灵活、作用良好、刻度线须清晰、尺身无弯曲变形、检定标记(或鉴定合格证)不过期。如图 10.1 所示。

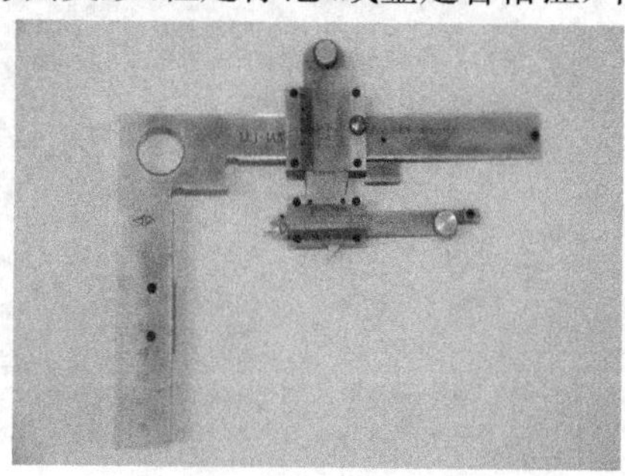

图 10.1

2. 确认安全防护信号

在进行测量前,需使用对讲机与列检值班员联系,确认该列车两端已插设有防护信号后,方可进入钢轨内侧进行测量检测作业。

3. 车轮故障测量

(1)踏面圆周磨耗深度测量

①对准 70 mm 基线。将车轮第四种检查器(A)踏面磨耗尺框背面滚动圆刻线与主尺背面滚动圆刻线对正,拧紧踏面磨耗测尺框紧固螺钉。如图 10.2 所示。

②对准车轴中心线。将轮辋厚度测尺紧贴在车轮内侧面上,轮辋厚度测尺须与车轴中心线垂直,并轮缘顶点接触检查器的轮缘高度测量定位面。如图 10.3 所示。

图 10.2

图 10.3

③向下推动踏面磨耗测尺,使踏面磨耗测头接触车轮踏面。如图 10.4 所示。

④紧固检查器背面的踏面磨耗测尺紧固螺钉。如图 10.5 所示。

图 10.4

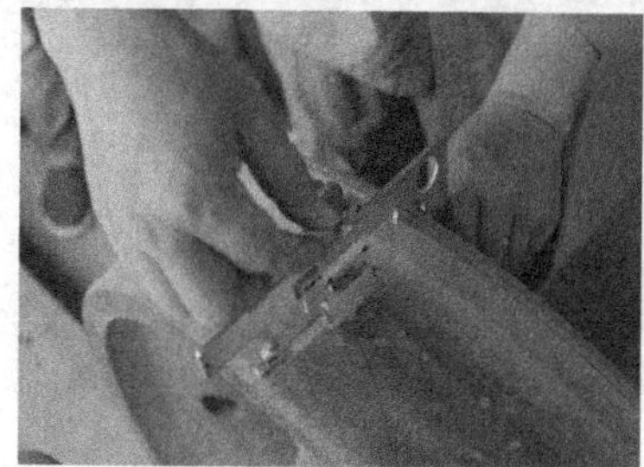

图 10.5

⑤在踏面磨耗测尺游标上读出踏面圆周磨耗深度值，并依据测量结果对故障车辆进行相应处理。如图 10.6 所示。

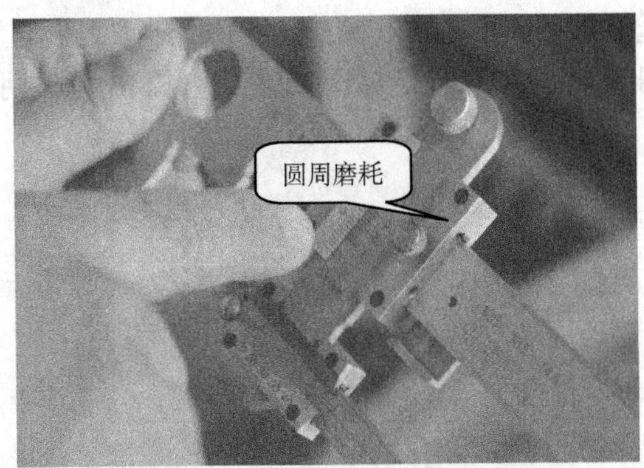

图 10.6

读尺方法：踏面磨耗测尺尺框架的刻度每一格是 1 mm，踏面磨耗测尺的游标刻线每一格是 0.1 mm。

首先从踏面磨耗测尺尺框架上读出 A 值，A 值是以踏面磨耗测尺尺框架 0 刻线为基准，距踏面磨耗测尺 0 刻线的相对整数。

再从踏面磨耗测尺上读取游标刻线与踏面磨耗测尺尺框架对齐的 B 值，B 值是以踏面磨耗测尺 0 刻线为基准。

踏面圆周磨耗深度值为 $A\times1$ mm$+B\times0.1$ mm。测量允许误差为±0.5 mm。

⚠安全风险提示：测量车轮踏面圆周磨耗，测头不准确定位滚动圆中心 70 mm 处，尺身与轮辋内侧不垂直，易造成测量数据不准确。

控制措施：测量车轮踏面圆周磨耗，测头须准确定位滚动圆中心 70 mm 处，尺身与轮辋内侧须垂直，再进行测量。

(2)轮缘厚度测量

①对准 70 mm 基线。将车轮第四种检查器(A)踏面磨耗尺框背面滚动圆刻线与主尺背面滚动圆刻线对正，拧紧踏面磨耗尺框紧固螺钉。如图 10.7 所示。

②对准车轴中心线。将轮辋厚度测尺紧贴在车轮内侧面上，轮辋厚度测尺须与车轴中心线垂直，并轮缘顶点接触检查器的轮缘高度测量定位面。如图 10.8 所示。

图 10.7

图 10.8

③向下推动踏面磨耗测尺，使踏面磨耗测头接触车轮踏面，紧固检查器背面的踏面

磨耗测尺紧固螺钉。如图 10.9 所示。

④向里推动轮缘厚度测尺,使轮缘厚度测尺测头接触轮缘。如图 10.10 所示。

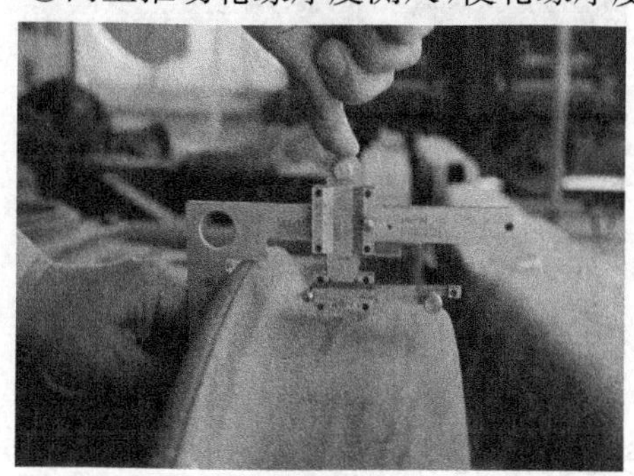

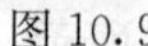

图 10.9

图 10.10

⑤读取轮缘厚度测尺上面主刻线与轮缘厚度尺框刻线相重合的数值,即为轮缘厚度值,并依据测量结果对故障车辆进行相应处理。如图 10.11 所示。

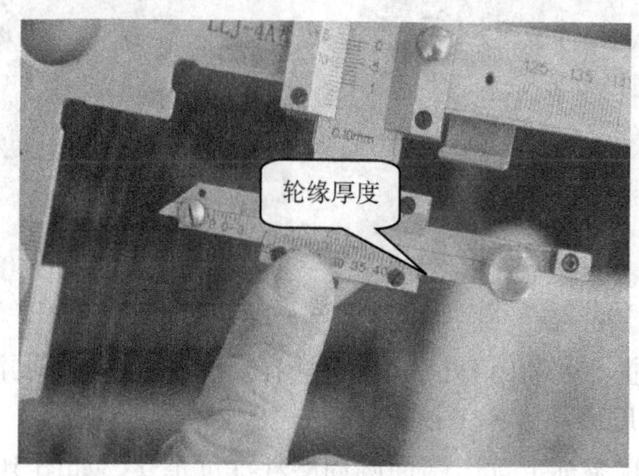

图 10.11

读尺方法:

轮缘厚度尺框架的刻度每一格是 1 mm,轮缘厚度尺的游标刻线每一格是 0.1 mm。

首先从轮缘厚度尺尺框架上读出整数 A 值,再从轮缘厚度尺上读取游标刻线与轮缘厚度尺尺框架对齐的 B 值,B 值是以轮缘厚度尺 0 刻线为基准。

轮缘厚度值为 $A\times1$ mm$+B\times0.1$ mm。车轮轮缘厚度的允许误差±0.5 mm。

⚠安全风险提示:测量车轮轮缘厚度,测头不准确定位滚动圆中心 70 mm 处,尺身与轮辋内侧不垂直,易造成测量数据不准确。

控制措施:测量车轮轮缘厚度,测头须准确定位滚动圆中心 70 mm 处,尺身与轮辋内侧须垂直,再进行测量。

(3)轮辋厚度测量

①对准 70 mm 基线。将车轮第四种检查器(A)踏面磨耗尺框背面滚动圆刻线与主尺背面滚动圆刻线对正,拧紧踏面圆周磨耗尺框紧固螺钉。如图 10.12 所示。

②对准车轴中心线。将轮辋厚度测尺紧贴在车轮内侧面上,轮辋厚度测尺须与车轴中心线垂直,并轮缘顶点接触检查器的轮缘高度测量定位面。如图 10.13 所示。

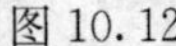

图 10.12

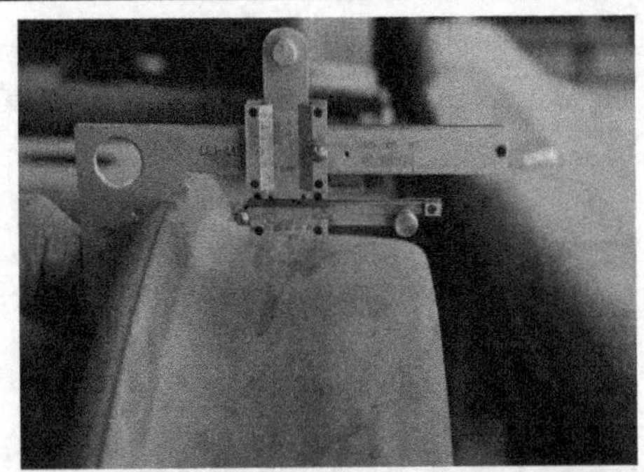

图 10.13

③向下推动踏面磨耗测尺，使踏面磨耗测头接触车轮踏面。如图 10.14 所示。

④紧固检查器背面的踏面磨耗测尺紧固螺钉。如图 10.15 所示。

图 10.14

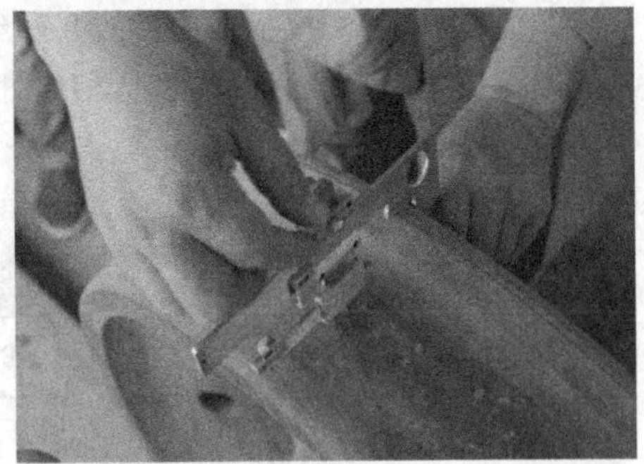

图 10.15

⑤保持检查尺位置不变，在该处读取轮辋内侧边缘与轮辋厚度测尺内侧刻度线对应数值 X。轮辋厚度测尺每一格为 1 mm。如图 10.16 所示。

⑥在踏面磨耗测尺游标上读出踏面圆周磨耗深度值 Y。如图 10.17 所示。

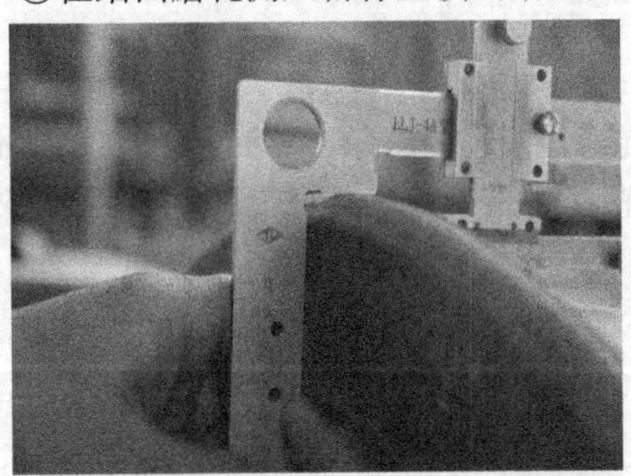

图 10.16

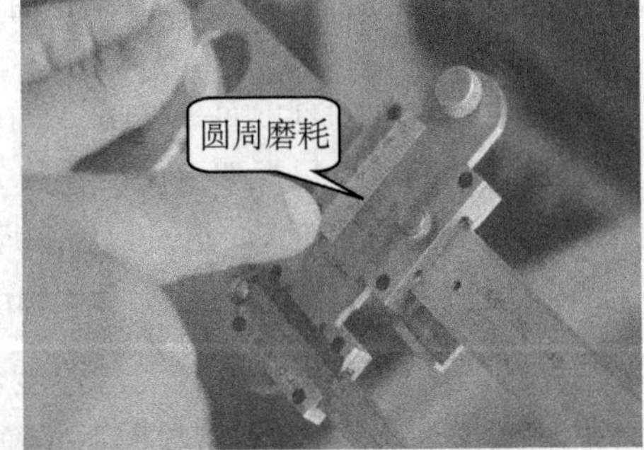

图 10.17

⑦读取轮辋厚度测尺数值 X 减去踏面圆周磨耗深度 Y 即为轮辋厚度数值($X-Y$)。车轮轮辋厚度允许误差±1 mm。并依据测量结果对故障车辆进行相应处理。

⚠安全风险提示：测量车轮轮辋厚度，测头不准确定位滚动圆中心 70 mm 处，尺身与轮辋内侧不垂直，易造成测量数据不准确。

控制措施：测量车轮轮辋厚度，测头须准确定位滚动圆中心 70 mm 处，尺身与轮辋内侧须垂直，再进行测量。

(4)轮缘垂直磨耗测量

①对准 70 mm 基线。将车轮第四种检查器(A)踏面磨耗尺框背面滚动圆刻线与主尺背面滚动圆刻线对正,拧紧踏面圆周磨耗尺框紧固螺钉。如图 10.18 所示。

②对准车轴中心线。将轮辋厚度测尺紧贴在车轮内侧面上,轮辋厚度测尺须与车轴中心线垂直,并轮缘顶点接触检查器的轮缘高度测量定位面。如图 10.19 所示。

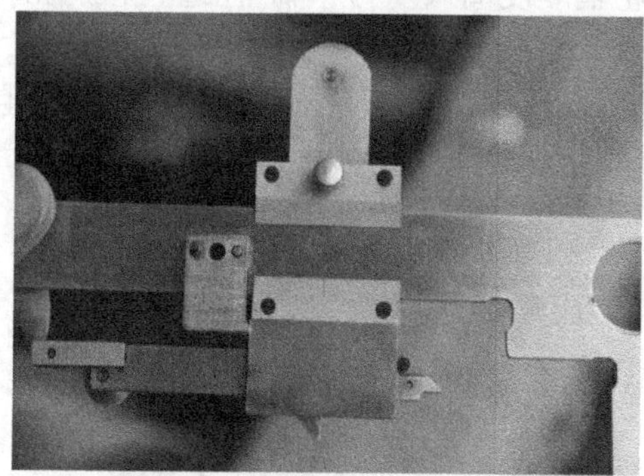

图 10.18

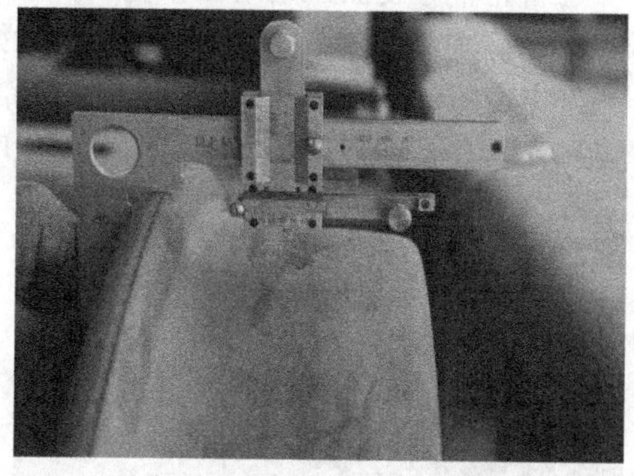

图 10.19

③向下推动踏面磨耗测尺,使踏面磨耗测头接触车轮踏面。如图 10.20 所示。

④推动轮缘厚度测尺,使轮缘厚度测尺测头接触轮缘。如图 10.21 所示。

图 10.20

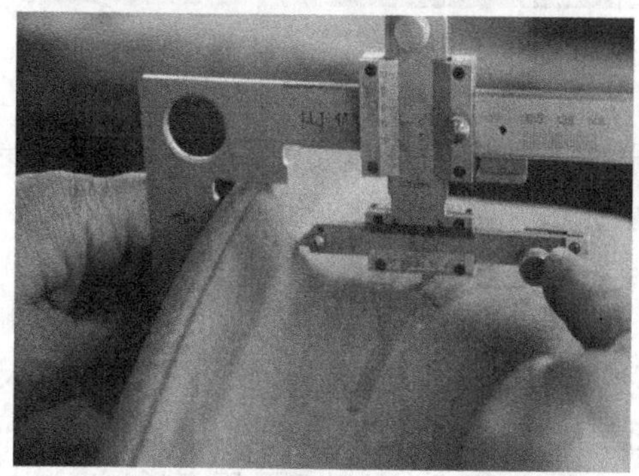

图 10.21

⑤推动轮缘厚度测尺使其测头接触轮缘后,如果垂直磨耗测头接触轮缘,说明车轮轮缘垂直磨耗过限,反之说明轮缘垂直磨耗高度不过限。车轮轮缘垂直磨耗(接触位置)高度不大于 15 mm,依据实际测量情况对故障车辆进行相应处理。如图 10.22 所示。

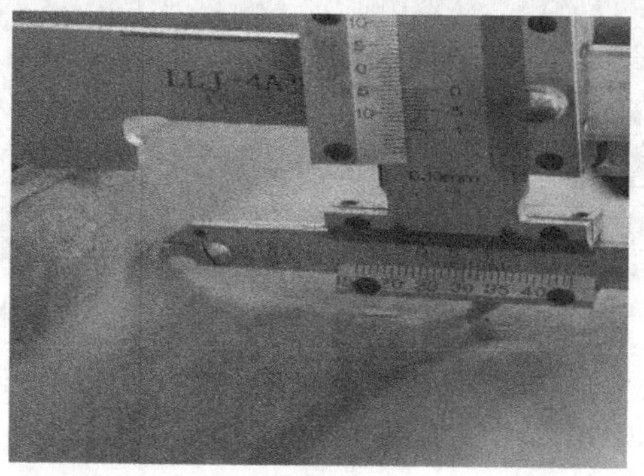

图 10.22

⚠安全风险提示:测量车轮轮缘垂直磨耗,测量主尺上部不接触轮缘顶点,易造成测量数据不准确。

控制措施:测量车轮轮缘垂直磨耗,测量主尺上部须接触轮缘顶点,再进行测量。

(5)踏面擦伤测量

①将轮辋厚度测尺紧贴在车轮内侧面上,轮辋厚度测尺须与车轴中心线垂直,轮缘顶点接触检查器的轮缘高度测量定位面。如图 10.23 所示。

②左右推动踏面磨耗测尺框架,滑动踏面磨耗测尺,使得车轮踏面磨耗测头对准且紧贴踏面擦伤及凹下最深处。如图 10.24 所示。

图 10.23

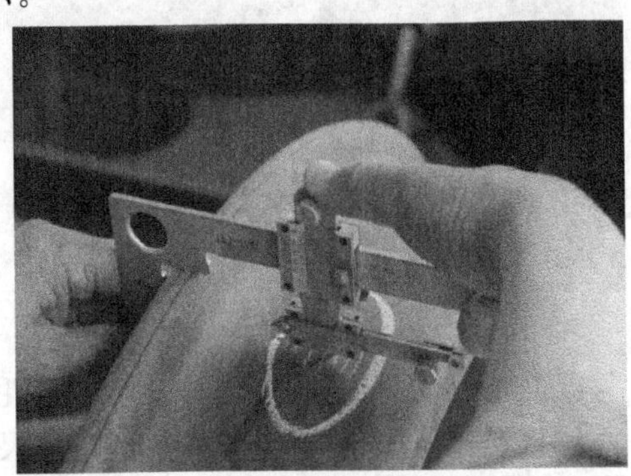

图 10.24

③紧固踏面圆周磨耗测尺框紧固螺钉,读取踏面圆周磨耗测尺上面主刻线与踏面圆周磨耗尺框刻线相重合的数值 X,做好记录。读数方法参照"测量车轮踏面圆周磨耗深度"方法。如图 10.25 所示。

④在故障部位的同一踏面圆周上任选一处未擦伤及凹下部位,将检查器尺身平面与车轮半径相重合,并将轮辋厚度测尺紧紧贴靠在车轮内侧面上,轮缘顶点接触检查器的轮缘高度测量定位面,推动踏面圆周磨耗尺,将车轮踏面圆周磨耗测头紧贴踏面,读取踏面圆周磨耗测尺上面主刻线与踏面圆周磨耗尺框刻线相重合的数值 Y,做好记录。读数方法参照"测量车轮踏面圆周磨耗深度"方法。如图 10.26 所示。

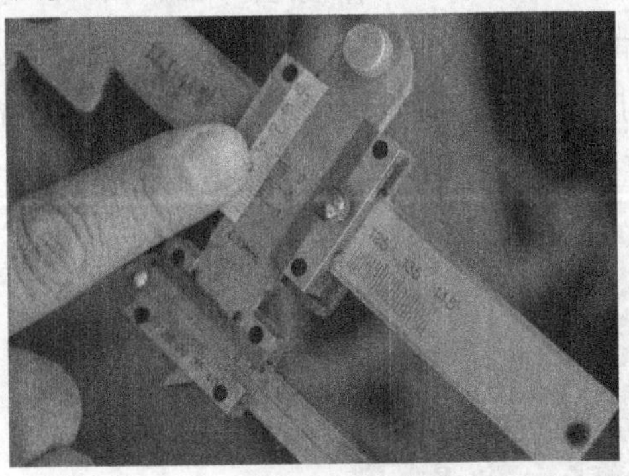

图 10.25

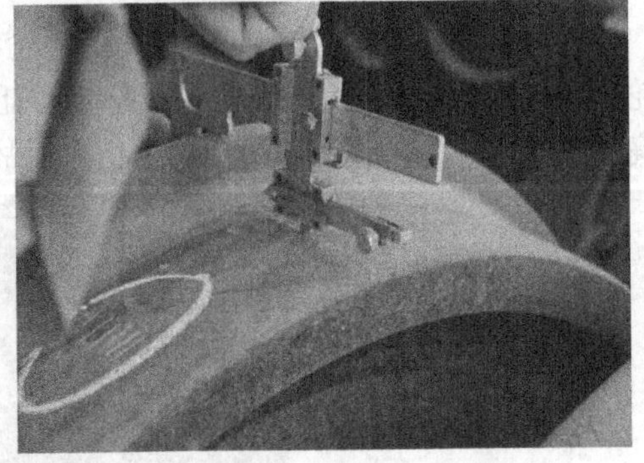

图 10.26

⑤计算两处数值的差值 $X-Y$,即为车轮踏面擦伤及凹下深度。车轮踏面擦伤深度允许误差±0.1 mm。依据测量结果对故障车辆进行相应处理。

⚠安全风险提示:测量车轮踏面擦伤及局部凹下,踏面定位测头不置于踏面擦伤最深处，易造成测量数据不准确。

控制措施：测量车轮踏面擦伤及局部凹下，踏面定位测头须置于踏面擦伤最深处，再进行测量。

(6)踏面剥离长度测量

使用钢板尺沿车轮踏面圆周方向测量。车轮踏面剥离长度允许误差±1 mm。依据测量结果对故障车辆进行相应处理。如图 10.27 所示。

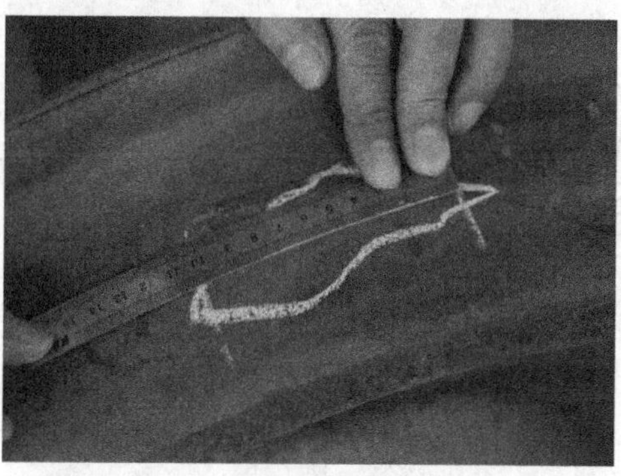

图 10.27

测量方法如图 10.28 至图 10.36 所示。

①两端宽度不足 10 mm 的，不计算在内。

②长条状剥离其最宽处不足 20 mm 的，不计算在内。

③两块剥离边缘相距小于 75 mm 时，每处长不得超过 35 mm；多处小于 35 mm 的剥离，其连续剥离总长度不得超过 350 mm。

④剥离前期未脱落部分，不计算在内。

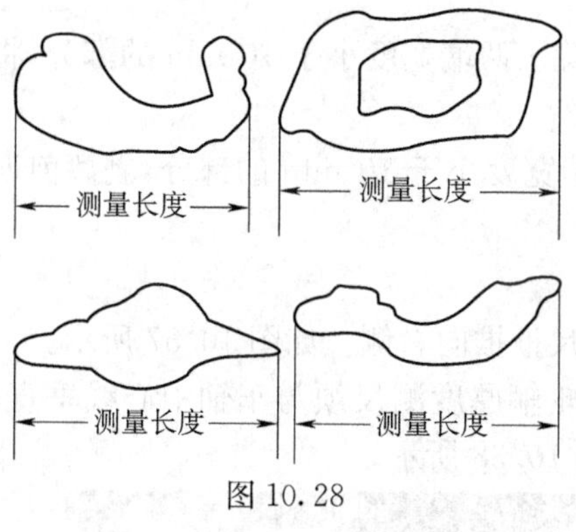

图 10.28

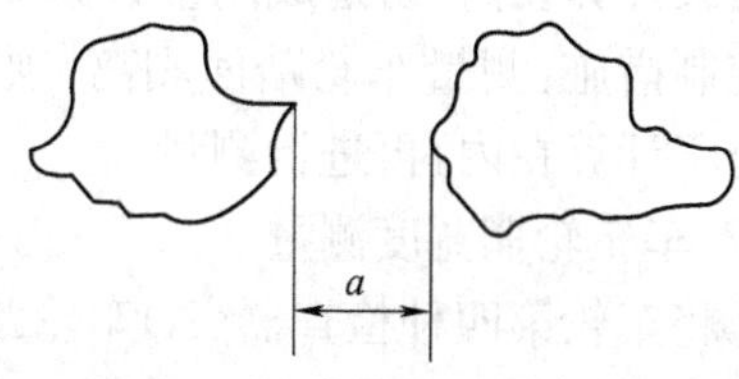

a小于75 mm，两处长各不得超过35 mm
a大于75 mm以剥离两处计算

图 10.29

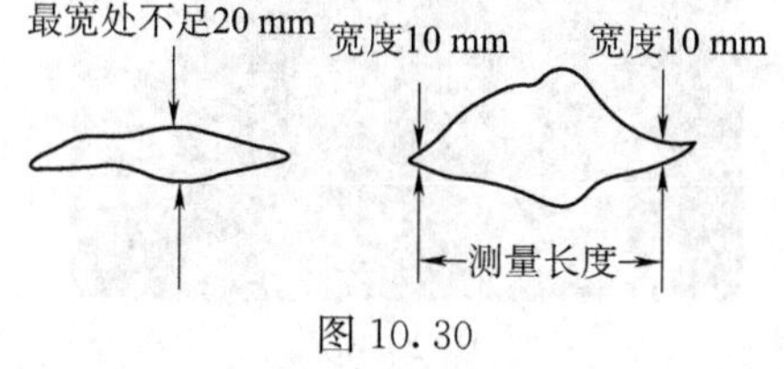

图 10.30

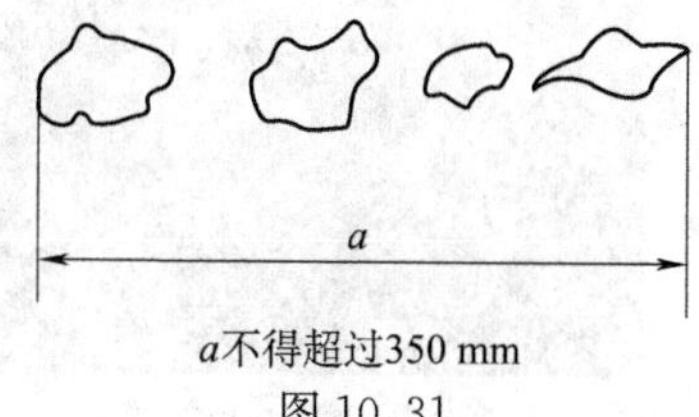

a不得超过350 mm

图 10.31

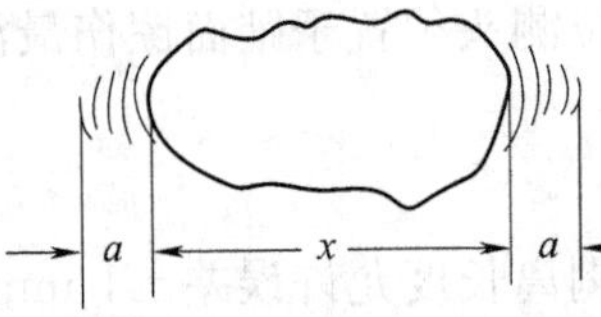

a　　x　　a

*a*为剥离前期，测量剥离时列检按*x*尺寸计算

图 10.32

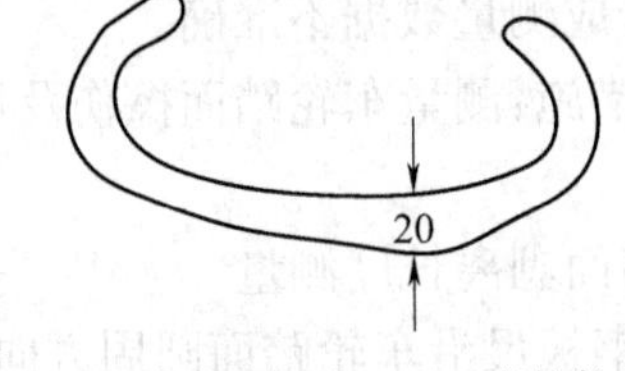

弯形剥离最宽处不超过 20 mm 者按长条剥离办理，不计算长度

图 10.33

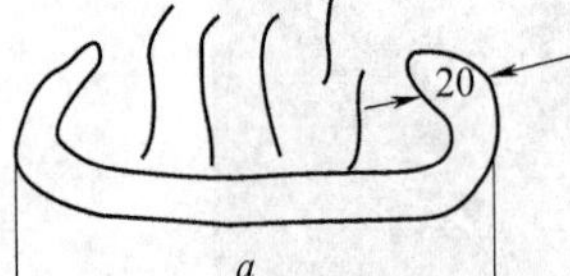

在弯形的内部有剥离前期的疲劳裂纹时，列检不计算长度，段修时按长度 *a* 计算

图 10.34

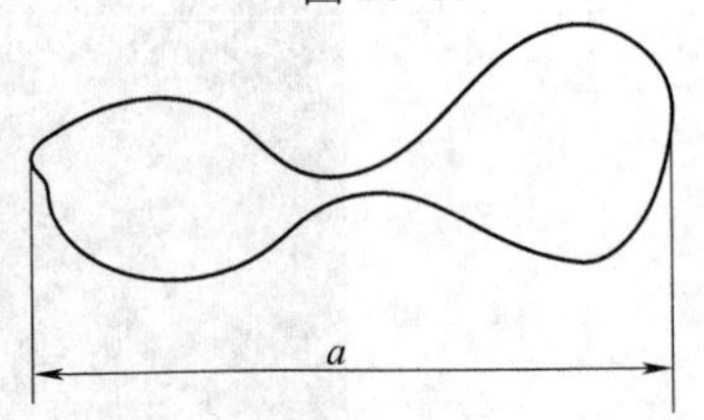

按一块计算

图 10.35

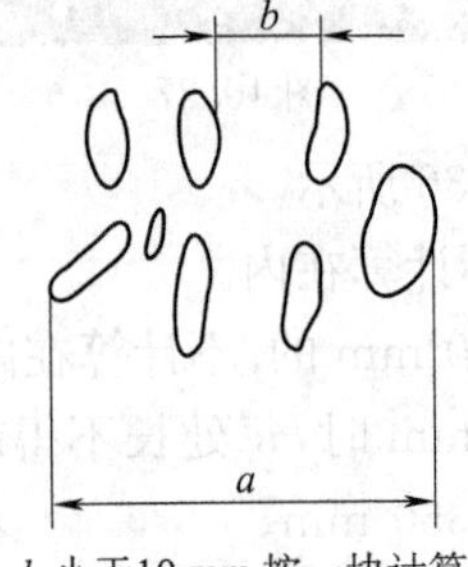

b 小于10 mm 按一块计算

图 10.36

⚠安全风险提示：测量车轮踏面剥离，不除去两端宽度小于 10 mm 的部分，将剥离前期裂纹计算在内，易造成测量数据不准确。

控制措施：测量车轮踏面剥离，须除去两端宽度小于 10 mm 的部分，剥离前期未脱落部分不计算在内，再进行测量。

(7)车轮轮辋宽度测量

①将车轮第四种检查器(A)车轮踏面磨耗尺框推向右侧。如图 10.37 所示。

②将轮辋厚度测尺紧贴在车轮内侧面上，轮辋厚度测尺须与车轴中心线垂直，轮缘顶点接触检查器的轮缘高度测量定位面。如图 10.38 所示。

图 10.37

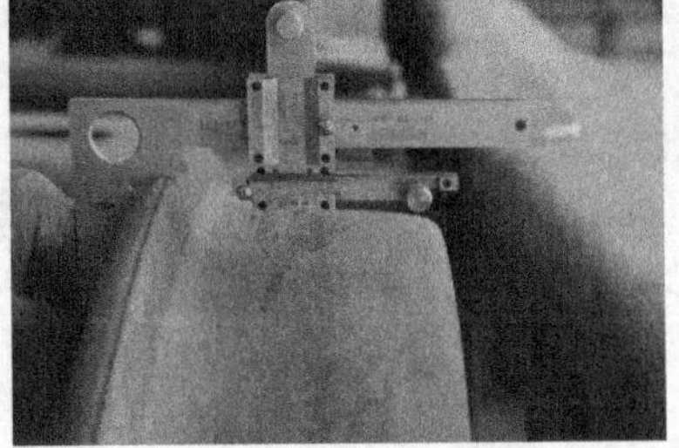

图 10.38

③向外推动踏面磨耗测尺，使踏面磨耗测头贴靠车轮外侧面，紧固踏面磨耗测尺尺框紧固螺钉。如图 10.39 所示。

④读取踏面磨耗测尺框左侧面对应的轮辋宽度测尺的数值 X。如图 10.40 所示。

⑤如果车轮踏面有辗宽，则使用钢板尺头部顶住车轮外侧面辗宽部位处，测量踏面辗宽值 Y。如图 10.41 所示。

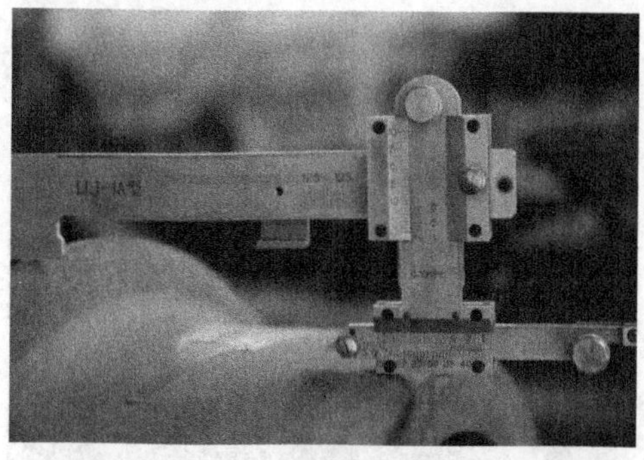

图 10.39

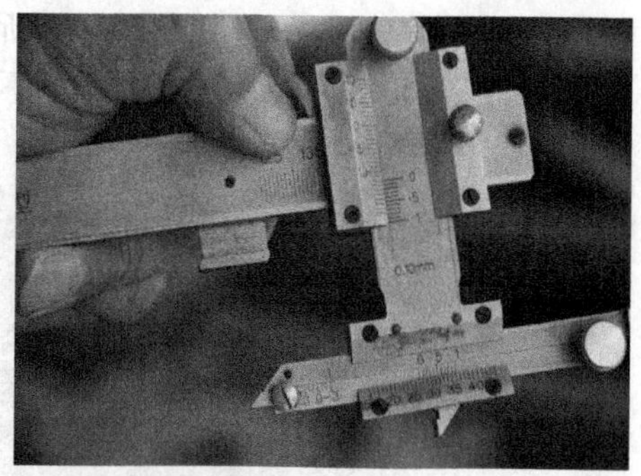

图 10.40

图 10.41

⑥轮辋宽度测尺读出的数值 X 减去踏面辗宽值 Y，即为实际轮辋宽度$(X-Y)$。允许误差±0.5 mm。

⚠安全风险提示：测量车轮轮辋宽度，读出数据时应读取踏面圆周磨耗测尺框左侧面对应的轮辋宽度测尺的数值 X，如有踏面辗宽，应减去踏面辗宽值，如不测量辗宽，易造成测量数据不准确。

控制措施：测量车轮轮辋宽度，读出数据时应读取踏面圆周磨耗测尺框左侧面对应的轮辋宽度测尺的数值 X，如有踏面辗宽，应测量踏面辗宽 Y，两者相减，即为实际轮辋宽度$(X-Y)$。

(8)踏面辗宽测量

测量踏面辗宽时，使用钢板尺头部顶住车轮外侧面辗宽部位处，测量踏面辗宽值 Y，须不得大于 5 mm。允许误差±0.5 mm。如图 10.41 所示。

(9)车轮内距尺寸测量

检查轮对内距测尺配件齐全，活动触头灵活。刻度线清晰，尺身无弯曲变形，检定标记(或鉴定合格证)不过期。

①将轮对内距尺平放在轮缘顶点上并使之与车轴中心线平行，先使固定的一侧靠紧轮缘内侧，推动测尺滑块与另一轮缘内侧接触，拧紧螺母。如图 10.42 所示。

②读取车轮轮缘内侧距离，车轮轮缘内测距离为(1 353±3)mm，并做好记录。测尺中间刻线对正的刻度即为车轮轮缘内侧距离。如图 10.43 所示。

③使用同样操作方法再选择同一轮对其他两处进行测量，获得三处轮对内侧距离数值(车轮三处须等分测量)。如图 10.44 所示。

④计算三处轮对内侧距离最大差值不大于 3 mm。依据测量结果对故障车辆进行相应处理。

图 10.42

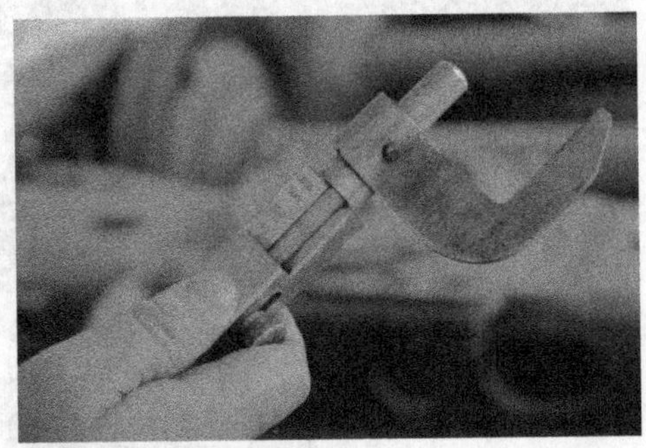

图 10.43

图 10.44

⚠安全风险提示：测量轮对内距，尺身与车轴中心线不平行，易造成测量数据不准确。

控制措施：测量轮对内距，尺身须与车轴水平，移动内距尺测量触头，正确读取数值。

(10)车轮踏面缺损测量

①测量相对轮缘外侧至缺损部位边缘之距离

测量踏面外侧缺损处的轮对内侧距离 X。轮对内距尺平放在轮缘顶点上并使之与车轴中心线平行，先使固定的一侧靠紧轮缘内侧，推动测尺滑块与另一轮缘内侧接触，拧紧螺母，测尺中间刻线对正的刻度即为踏面缺损处的轮对内侧距离 X，做好记录。如图 10.45 所示。

使用车轮第四种检查器(A)测量车轮踏面缺损相对处的对侧车轮轮缘厚度 Y。具体步骤详见“测量车轮轮缘厚度”方法。如图 10.46 所示。

裁 切 线

图 10.45

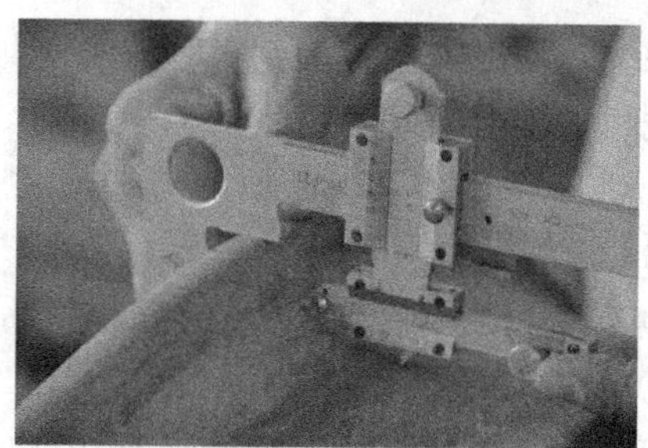

图 10.46

使用车轮第四种检查器(A)和钢板尺测量踏面缺损后的剩余宽度 Z。将车轮第四种检查器(A)尺身平面与车轮半径相重合，并将轮缘厚度测尺紧紧贴靠在车轮内侧面上，轮缘顶点接触检查器的轮缘高度测量定位面，将踏面圆周磨耗测尺框推向轮对外侧，使踏面圆周磨耗测尺的测头贴靠踏面缺损处的最内侧，紧固踏面圆周磨耗测尺框紧固螺钉。如图 10.47 所示。

使用钢板尺读取踏面缺损后的轮辋剩余宽度 Z。将钢板尺平放于轮辋厚度测尺内侧面与踏面圆周磨耗测头间，检查确认钢板尺轮辋厚度测尺和踏面圆周磨耗测头相垂直。读取钢板尺中对应数值即为踏面缺损后的轮辋剩余宽度 Z。如图 10.48 所示。

图 10.47

图 10.48

将测量缺损后轮辋宽度、轮对内距、轮缘厚度相加($X+Y+Z$)即为相对车轮轮缘外侧至缺损部之距离。从缺损部内侧边缘起测量，相对轮缘外侧至缺损部位边缘之距离不小于 1 508 mm。依据测量结果对故障车辆进行相应处理。

②测量车轮踏面缺损部位之长度

使用钢板尺或车轮第四种检查器(A)上的轮辋厚度测尺的外刻线，沿车轮踏面圆周方向测量踏面缺损部位最外侧端的长度，即为缺损部位之长度。沿车轮踏面圆周方向测量缺损部位之长度不大于150 mm。依据测量结果对故障车辆进行相应处理。如图 10.49 所示。

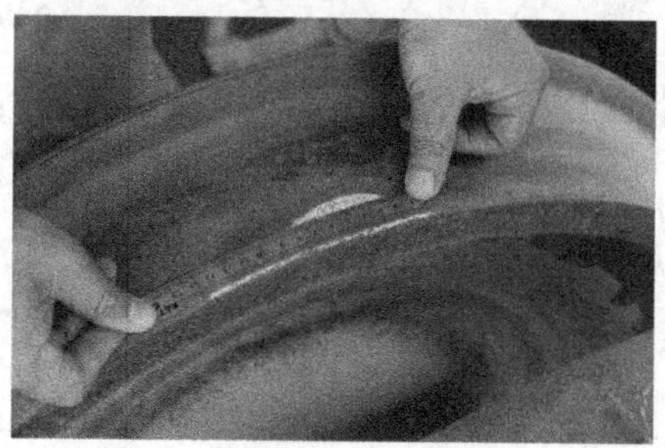

图 10.49

⚠安全风险提示：测量车轮踏面外侧缺损，测头未距车轮轮缘外侧最近处测量，易造成测量数据不准确。

控制措施：测量车轮踏面外侧缺损，测头应距车轮轮缘外侧最近处测量。

(11)车轮直径尺寸测量

检查轮径测尺配件齐全，测量尺框灵活，刻度线清晰，定检标记(或鉴定合格证)不过期。

①在标准圆上校对"零位"。

拧紧指示表测头和测量仪测头，以免校对"零位"或作测量时测头松动而带来测量误差。

在测量仪上装上指示表。

将测量仪放置在标准圆上，保证两测量块均与标准圆弧面接触良好，定位架与标准圆定位端面密贴，然后通过上下移动指示表，将指示表读数调整为标准圆直径值。

②测量车轮外径

测量时，两手握住测量仪器两端的构架部位，放置在被测车轮上，使定位架与车轮内侧面靠紧(因为有磁性，只要一接触就能保证密贴)。如图 10.50 所示。

两手轻压，使两测量块均与车轮踏面接触到位。如图 10.51 所示。

图 10.50

图 10.51

机械指示表表盘有几种形式，指示表中短指针指示的是 10 mm 以上的数，上指针指示的是 10 mm 以下的数，分度值为 0.1 mm，可估读到 0.01 mm。如图 10.52、图 10.53 所示读数分别为 1 053.10 mm、863.10 mm。

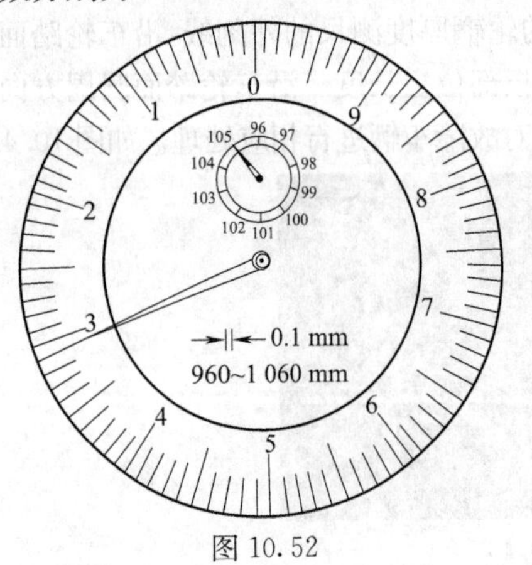

图 10.52

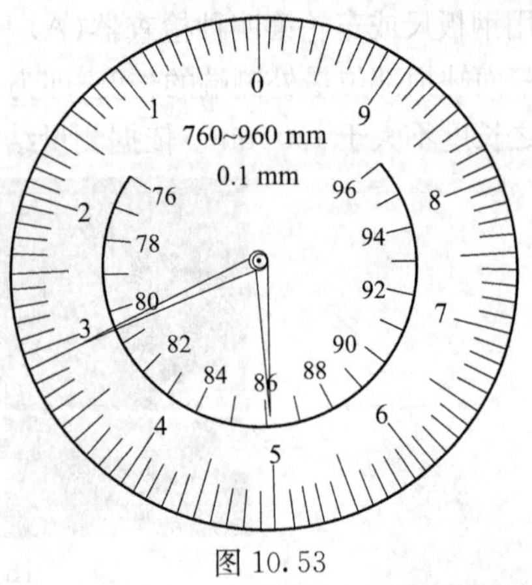

图 10.53

⚠安全风险提示：测量车轮直径，要首先校对“机车车辆车轮外径测量仪器”“零位”，如校对不准，易造成测量误差。

控制措施：校对“零位”时，须拧紧指示表测头和测量仪测头，以免校对“零位”或测量时测头松动带来测量误差。

4. 整理工具

要求轻拿轻放、不磕碰四种检查器、轮径尺、钢直尺；擦拭完后，按规定恢复原状并放置在规定位置。

5. 台账记录

将作业的车种车型车号、定检标记、测量数据、测量位数、测量内容等情况按要求记录在轮对尺寸测量记录表上；填写须符合规定，字迹清晰。

三、计划与决策

班级		组别	
小组成员			
记录		时间	
项目计划	(1)人员分工计划		

序号	姓名	职责	备注
		2 人假设故障(10 处)	
		1 人走行部检查并记录	
		1 人根据记录进行核验	
		1 人根据评分标准打分	

(2)完成任务计划

要点：请根据步骤数量画上横格线，并填写内容。

序号	步骤名称	工作要点

教师指导意见	教师签名：　　　　日期：
小组决策	决策意见：
	作业流程：
	所需工具：
	注意事项：

四、项目实施

班级		组别	
小组成员			
记录		时间	
实施(任务完成)	(1)讨论第四种检查器的使用范围。		
	(2)根据车轮检查标准查找故障并记录。		
	(3)使用第四种检查器对假设故障进行检测。		
	(4)根据测量评分标准进行打分。		

裁　切　线

<table>
<tr><td>变更计划记录</td><td>在实施过程中，如果执行计划有变更，请做记录，并说明理由。</td></tr>
<tr><td>教师指导意见</td><td>教师签名：　　　　日期：</td></tr>
</table>

【任务评价】

以团队小组为单位完成任务，以学生个人为单位实行考核。

姓名	假设故障选择			检查及记录			故障核验			得分
	自评	互评	教师评	自评	互评	教师评	自评	互评	教师评	

说明：

1. 每个人的总分为100分，采用多主体评价。

2. 每个主体进行评价的评价标准为：正确假设故障（20分）、故障检查并记录（50分）、故障核验（20分）、语言流畅、思路清晰（10分）。

3. 建议权重计为：自评分占0.2，互评分占0.3，教师评分占0.5，然后加权算出每位同学在本项目中的综合成绩。

将所测故障类型、测量数据记录。

裁　切　线

轮对尺寸测量记录表

班级：　　　　　　学生签名：　　　　　　　　　　年　　月　　日

测量类型	踏面圆周磨耗深度	轮缘厚度	轮辋厚度	轮缘垂直磨耗	踏面擦伤	踏面剥离长度	车轮轮辋宽度	踏面辗宽	车轮内距尺寸	车轮踏面缺损	车轮直径尺寸
数值 1											
数值 2											
数值 3											
评分											
反馈											

教师签名________

裁　切　线